DU MÊME AUTEUR

RAPPORT SUR L'INFORMATISATION DE LA SOCIÉTÉ, avec Simon Nora, La Documentation française, Le Seuil, 1978.

L'APRÈS-CRISE EST COMMENCÉ, Gallimard, 1982.

L'AVENIR EN FACE, Le Seuil, 1984.

LE SYNDROME FINLANDAIS, Le Seuil, 1986.

LA MACHINE ÉGALITAIRE, Grasset, 1987.

LA GRANDE ILLUSION, Grasset, 1989.

L'ARGENT FOU, Grasset, 1990.

LA VENGEANCE DES NATIONS, Grasset, 1991.

FRANÇAIS, SI VOUS OSIEZ, Grasset, 1991.

LE MÉDIA CHOC, Grasset, 1993.

LE NOUVEAU MOYEN ÂGE, Gallimard, 1993.

CONTREPOINTS, recueil d'articles, Le Livre de Poche, 1993.

LA FRANCE DE L'AN 2000, rapport au Premier ministre, Odile Jacob/La Documentation française, 1994.

DEUX FRANCE ? avec Philippe Séguin, Plon, 1994.

L'IVRESSE DÉMOCRATIQUE, Gallimard, 1995.

ANTIPORTRAITS, Gallimard, 1996.

LOUIS NAPOLÉON REVISITÉ, Gallimard, 1997.

LA MONDIALISATION HEUREUSE, Plon, 1997.

AU NOM DE LA LOI, Gallimard, 1998.

SPINOZA, UN ROMAN JUIF

ALAIN MINC

Spinoza, un roman juif

nrf

GALLIMARD

INTRODUCTION

« Un livre sur Spinoza? Vous êtes mégalomane ou inconscient. — Non, pas un ouvrage philosophique : tout a été dit ou presque, et je suis bien incapable d'apporter mon grain de sel, mais une biographie. — Une biographie? Quel intérêt? Spinoza vit dans son œuvre. Que nous importe son itinéraire? » Combien de fois ai-je eu cet échange depuis le jour où je me suis mis à cohabiter avec Baruch de Spinoza, devenu, de son propre gré, Benoît de Spinoza? Pourquoi, donc, une biographie de Spinoza?

Lorsque le 27 juillet 1656, le Conseil des anciens fait comparaître un jeune insolent à l'esprit agile, tel le conseil de discipline d'un de nos bons lycées convoquant un élève dissipé, aucun des participants n'imagine avoir en face de lui le premier esprit suffisamment puissant pour proclamer à la face de l'univers : « Dieu n'existe pas ! » Spinoza n'est pas athée; il est déiste, spiritualiste, panthéiste : nous connaissons tous la ritournelle. Mais, gymnastique philosophique mise à part, exercices scolastiques laissés de côté, comment interpréter différemment ce « Dieu, autrement dit la Nature », qui résonne comme un coup de pistolet dans un salon? Or cette incroyable audace, ce défi lancé quelques années après l'excommunication de Galilée, à une époque où, en Espagne, l'Inquisition déploie ses pompes et ses œuvres, un instant après la fin de la guerre de Trente Ans qui a ravagé l'Allemagne pour le service de tel ou tel Dieu, cette affirmation révolutionnaire émane d'un petit-bourgeois, juif portugais d'Amsterdam, polisseur de lentilles, prudent et pusillanime, au point de ne publier, de son vivant, que couvert par l'anonymat et de reporter à une édition posthume la diffusion de son *Éthique*. Tel est le paradoxe qui fonde la vie de Spinoza et tel est le mystère dont j'espère contribuer modestement à lever le voile. Il existe en effet une énigme Spinoza. Pourquoi, en trois siècles, y a-t-il eu si peu d'intérêt pour sa vie, comme si la puissance de l'œuvre se suffisait à elle-même, quitte à occulter l'auteur ? Pourquoi, depuis les hagiographies rapides qui ont suivi sa mort, si peu de biographies alors que Aristote, Kant, Hegel nous gratifient, presque chaque année, d'une résurrection au détour d'une nouvelle publication ? Pourquoi ce halo de mystère comme si le philosophe d'Amsterdam inquiétait, pétrifiait, terrifiait ?

C'est un « anti-Voltaire » qui règne depuis sa médiocre demeure de La Haye. Un « anti-Voltaire » au sens où le châtelain de Ferney ressemble, lui, à un Louis XIV à l'envers, aussi absolutiste que le grand roi, aussi autocratique, aussi retors, aussi totalitaire à ceci près qu'il met, cette fois-ci, l'absolutisme au service de la lutte contre le pouvoir absolu. Point n'est besoin de croire, comme Taine, à la race et au milieu pour deviner qu'au croisement de l'exil, du souvenir des persécutions et de la première société libre de l'Occident, cette république bourgeoise des Provinces-Unies, c'est avec Spinoza un autre profil humain qu'inventent les voies du génie.

C'est un « anti-Pascal » qui se rebelle contre la « Nation judaïque portugaise d'Amsterdam ». Jamais il n'a d'ailleurs prononcé le nom même de l'auteur des *Provinciales*, ce contemporain dont le feu mystique est aux antipodes de la rationalité quasi chirurgicale de notre héros. Quelle merveilleuse correspondance auraient pu échanger ces deux esprits, dans un monde de rêve où les « contemporains fondamentaux » pourraient toujours dialoguer entre eux ! L'homme du pari contre celui de l'*Éthique*, le mathématicien contre l'opticien, l'Auvergnat contre le juif, le chrétien contre l'agnostique, le sujet plutôt fidèle de Sa Majesté contre le confident du grand pensionnaire. Ce sera pour une autre vie.

Un « anti-Descartes » aussi. Certes, Spinoza n'a publié qu'un seul ouvrage à visage découvert en 1663 et ce sont les *Principes de la philosophie de Descartes* : même s'il ne se reconnaît jamais de maître, il vit dans l'ombre portée de l'auteur du *Discours de la méthode*. Mais, sur la distance, il reprend l'ascendant : tout procède de Spinoza à partir du XIXe siècle, et plus rien de Descartes. Mais laissons là cette concurrence nietzschéenne entre surhommes. Ce qui les oppose plus encore que la philosophie, c'est la vie. Qu'y a-t-il de commun entre le soudard, « Rabelais philosophe », amant de la reine Christine, et le reclus, souffreteux, phtisique, insensible aux femmes, diaphane et fragile Baruch ?

Un « anti-Leibniz » naturellement. Celui-ci a beau s'adresser à Spinoza en l'appelant « Grand Homme illustre », l'autre se contente de répondre au « Très cultivé et très noble Godefroy Leibniz », et encore, trop méfiants pour aller à l'essentiel, ces deux-là se satisfont de rompre quelques lances sur un sujet qui ne les fera pas passer à la postérité : l'optique. Comment notre philosophe à la vie monacale, qui s'économise parce qu'il sait combien le temps lui est compté, se sentirait-il de plain-pied avec ce penseur ostentatoire, triomphant et pontifiant, espion et courtisan, comploteur et agioteur, et surtout défenseur rusé de l'ordre spirituel établi, alors que lui n'a de cesse de le mettre à bas ? Ces deux-là s'épient, se ménagent, se respectent sans doute et se détestent à coup sûr.

Voilà ce Spinoza qui rase les murs, qui s'abrite derrière l'anonymat, qui, sur le plan intellectuel, vient de nulle part, dont l'existence et l'œuvre ne relèvent que du bouche-à-oreille à l'échelle du continent européen, qui meurt, comme il a vécu : avec retenue. Voilà ce Spinoza, donc, qui chemine tout au long du XVIIIe siècle, de moins en moins souterrain, qui passe, quelques décennies plus tard, le relais à Hegel et, à partir de là, peut prétendre être à l'origine de tout ce qui suit. De la filiation marxiste comme de la construction heideggérienne, du moralisme comme du spiritualisme contemporain. C'est, je le reconnais, « cadrer large », mais il n'y a guère de penseur qui n'a été, n'est ou ne sera spinoziste.

Ce Spinoza-là est le premier d'une généalogie très particulière, celle de ces marginaux juifs, tous en lisière de leur communauté et parfois en opposition violente avec elle, tous intellectuels de rupture, tous sans ascendant, mais tous à l'origine d'une descendance, souvent éblouissante ou parfois peu honorable. Spinoza, Marx, Freud, Einstein : étonnant quadrige qui illustre l'idée, guère acceptable pour les autorités établies de la communauté juive, que le judaïsme n'est jamais aussi décisif sur le cours de l'humanité que lorsqu'il s'installe hors de ses propres murs. C'est à la lisière de la pensée juive que les juifs sont les plus créatifs : le Talmud comme méthode, le monde comme horizon, le porte-à-faux comme démarche. Franc-tireur d'un peuple lui-même cardinal et marginal : existe-t-il meilleure posture intellectuelle ? Spinoza est excommunié ; si l'excommunication s'était perpétuée dans la tradition juive, Marx l'aurait été — son antisémitisme y aurait suffi — et Freud, pourtant bon juif, aurait connu le même sort. Seul Einstein aurait échappé à la sanction, au nom de la révérence qui permet à la science d'être sacrilège là où la pensée apparaît impie. Le judaïsme d'aujourd'hui se plaît à annexer Spinoza parmi les grands ancêtres ; le fait-il, comme toutes les institutions établies, par un réflexe intelligent de récupération ? Ou est-il prêt à concéder que l'esprit juif est à son meilleur lorsqu'il emprunte les chemins de traverse et se joue des frontières intellectuelles ?

Au jeu bizarre qui consiste à mesurer l'écart le plus grand entre une vie au quotidien et un destin, Spinoza est sans égal. Lorsque, à en croire ses logeurs, que Colerus, le premier de la longue lignée des zélotes spinozistes et longtemps son principal biographe, prend au mot, il se représente sous les traits de Masaniello, ce pêcheur napolitain en révolte contre la domination espagnole, il ne mesure pas, à l'évidence, le sillage qu'il ouvre. Ce n'est pas l'*ubris* qui le domine. Vêtu d'une simple chemise blanche, un filet aux mailles ruisselantes sur l'épaule, la peau sombre, il n'est qu'un Méditerranéen comme un autre. On peut, par révérence, y pister une métaphore de la révolte, l'illustration d'une liberté en devenir, repérer, sous l'encre du dessin, de mythiques arrière-pensées. Tout cela est dérisoire. Spinoza se peint — avec le brin de talent qu'aurait, à l'époque toute jeune fille du monde — comme un pêcheur, un simple pêcheur, plutôt sympathique, vaguement gai, et paradoxalement tonique. Il ne joue ni les penseurs, comme son voisin Rembrandt en a si souvent peints, ni l'astronome, comme son jumeau par l'année de naissance Vermeer l'a saisi, ni les guerriers tels qu'il les a croisés dans ces mornes plaines balayées par les armées du stathouder, du roi d'Espagne ou du roi de France, ni les gentilshommes poudrés modèle Leibniz, ni les gredins éméchés à la Descartes, ni les illuminés à la Pascal, au point que leur masque mortuaire arrive encore à irradier la tension intérieure, ni les docteurs pontifiants auxquels doivent ressembler beaucoup de ses correspondants épistolaires. Il ne veut s'identifier à aucun de ses contemporains. Pêcheur à moitié dénudé, à la démarche élastique, fier de sa mission accomplie, à la merci des flots.

Pêcheur, certes, mais quel orgueil !

I

UN MARRANE, DONC UN BÂTARD

Une rue grouillante de monde, l'ombre de la synagogue portugaise, les odeurs du port, des personnages à l'allure biblique et au regard aigu de commerçants, sortis tout droit des tableaux de l'ami Rembrandt, qui croisent des bourgeois repus et rubiconds échappés, eux, de chez Frans Hals, du mouvement, de la vie, de la chaleur. La maison ? Située sur le Burgwal, désormais la Waterlooplein dans l'Amsterdam d'aujourd'hui, assez belle, nous dit Colerus, sans doute un intérieur hollandais que nous ne pouvons plus imaginer, désormais, qu'à travers les lunettes de Vermeer : des meubles lourds, des tentures épaisses, une lumière tamisée, un sol carrelé, de l'argenterie torsadée et de la vaisselle, de la vaisselle partout, signe d'aisance et symbole d'une vie scandée par les agapes familiales.

On se croirait chez un commerçant installé de toute éternité, donc protestant dans cette capitale calviniste, avec pour seules passions la haine des Espagnols, le goût de l'argent, le respect de l'ordre et un sens bizarre de la liberté, s'il n'y avait un chandelier à sept branches, des mezouzas sur les chambranles des portes, une bible en hébreu et d'autres livres, ouverts, écornés, donc lus, psalmodiés, intériorisés. Cette famille juive, comme tant d'autres dans l'Amsterdam de 1632, avait trop souffert de devoir, depuis l'expulsion de 1492, cacher son identité pour ne pas désormais l'exprimer sans vergogne, voire avec ostentation. C'est là que naît le 24 novembre, à en croire les registres tenus avec soin par la communauté juive, Baruch de Spinoza, deuxième fils de Michael de Spinoza, marié en secondes noces avec Hanna Debora. Un frère, deux sœurs, une famille normalement unie : rien que de très banal. Ce n'est pas dans une enfance tourmentée, un martyre secret, ou un Œdipe hors normes, c'est-à-dire toutes les figures traditionnelles des premiers pas d'un génie, qu'il faudra rechercher les germes d'un esprit sans égal, et surtout sans précédent. De toute façon, nous ne savons rien des traumatismes enfantins du jeune Baruch : supposons donc qu'il n'y en a pas eu.

Mais derrière cette enfance douillette et banale court une cicatrice, une vraie, comme l'Histoire n'a cessé d'en inventer pour les juifs. Les Spinoza sont des marranes, donc, au sens sartrien du terme, des « bâtards ». Certes, Gebhart présente de façon plus positive leur flou identitaire : « Le marrane est un catholique sans loi et un juif sans connaissance, mais un juif qui se veut tel. » Faux catholique, faux juif, vrai catholique à force de pratiques, vrai juif par esprit de résistance, mi-catholique mi-juif, ou ni catholique ni juif? De quel passé se souviennent en effet les marranes? De ce qui précède 1492 : rien ou presque. De ce qui suit le décret d'Isabelle la Catholique : en partie. Des récits de la vie familiale : naturellement. Mais guère de faits d'armes : ceux qui ont réussi, une fois convertis, souffrent de mauvaise conscience et sont enclins à la discrétion. Il ne leur reste enfin aucun souvenir communautaire, religieux ou identitaire puisqu'il leur était interdit d'être eux-mêmes.

Cette mémoire occultée ne rime pas automatiquement avec une succession de malheurs. Ainsi, parmi les rares qui ont laissé une chronique familiale, figure un certain Isaac de Pinto qui narre une vie quotidienne plutôt heureuse, sans discrimination excessive et sans guère de références religieuses. Seule allusion de Spinoza à ce passé, et encore de la façon la plus détachée, une incise du *Traité théologico-politique* : « Que la haine des nations soit très propre à assurer la conservation des Juifs, c'est d'ailleurs ce qu'a montré l'expérience. Quand un roi d'Espagne contraignit les Juifs à embrasser la religion de l'État ou à s'exiler, un très grand nombre devinrent catholiques romains et ayant part dès lors à tous les privilèges des Espagnols de race, jugés dignes des mêmes honneurs, ils se fondirent si bien avec les Espagnols que, peu de temps après, rien d'eux ne subsistait, non pas même le souvenir. Il en fut tout autrement de ceux que le roi du Portugal obligea à se convertir ; ils continuèrent à vivre séparés parce qu'ils étaient exclus de toutes les charges honorifiques. » Étonnante distinction que fait là le premier des marranes portugais, comme s'il revendiquait, pour cette seule communauté-là, le poids de l'exclusion.

Une fois à Amsterdam, les juifs portugais ne veulent plus être empêtrés dans leur passé marrane. Qui peut s'étonner d'une telle amnésie collective ? Combien de fois les peuples n'ont-ils pas préféré oublier des périodes traumatiques ou ambiguës ? Après la peste noire, au XIVe siècle, les contemporains ne parlent plus de la mort. La France de l'après-guerre ne s'est-elle pas acharnée à occulter pendant quarante ans Vichy ? Nous sommes sans doute les plus mal placés pour nous offusquer de la dérobade de la mémoire chez les marranes. Émigrés, traîtres aux yeux d'eux-mêmes, pris dans une insupportable contradiction, ils vivent jusqu'à l'extrême la condition du juif assimilé. Lorsque, aveuglés par la place douillette que leur reconnaît la bonne société, les juifs allemands ignorent, dans les années 1930, les menaces qui se profilent à l'horizon, ne vivent-ils pas, *mutatis mutandis*, la « bâtardise » des marranes ?

Quand les juifs d'Amsterdam s'expriment sur leur passé, ils en parlent en termes moraux, dénoncent leur attachement d'autrefois au luxe, aux appâts de la vie matérielle, les renient et pourtant en demeurent prisonniers. Tous restent marqués par la culture ibérique ou lusitanienne. La plupart continuent de parler portugais, une fois devenus des bourgeois hollandais. Pendant le XVIIe siècle, nombre d'entre eux conservent leurs patronymes espagnols ou portugais, surtout dans la vie des affaires, et s'ils adoptent des noms bibliques pour marquer leur retour au judaïsme, ils ne s'en servent qu'au sein de la communauté. Ils cuisinent à l'espagnole, vivent à la hollandaise, et pourtant sont redevenus pleinement juifs. Sautant par-dessus l'épisode espagnol, ils vont rechercher leurs racines dans la Bible et dans les épisodes lointains du judaïsme. Ainsi la grande synagogue d'Amsterdam, la majestueuse Esnoga, inaugurée en 1675 et dont nul ne sait si Spinoza l'a visitée avant sa mort, se veut-elle une réplique du Temple de Salomon, donc le meilleur trait d'union possible avec le fil biblique.

Rien ne parle mieux d'une société que ses cimetières. Ce ne sont pas les aficionados du Père-Lachaise, les passionnés de Montparnasse ou les tifosi du cimetière de

Gênes qui prétendront le contraire. Promenez-vous donc sur les traces de Spinoza, dans le cimetière de la communauté portugaise israélite d'Amsterdam. Du côté le plus ancien, des tombeaux austères, le docteur Montalto, le rabbin marocain Uziel, le rabbin Menasseh ben Israël : errant de l'un à l'autre, vous vous déplacez à l'intérieur d'un tableau de Ruisdael. De l'autre, les tombeaux des nouveaux riches, les contemporains de Spinoza, tous chargés de bas-reliefs bibliques, de bustes d'Abraham, Isaac ou David, donc en contradiction avec la loi juive et son refus de la représentation visuelle. L'exubérance hispanique, le mélange d'expressionnisme, de violence et de paganisme, si caractéristiques de l'art religieux espagnol, retournés au service des marranes ! L'Espagne qu'ils ont fuie colle à leurs pas et le catholicisme qu'ils ont renié continue souterrainement de les accompagner.

Mais, par symétrie, les juifs n'ont jamais autant hanté l'âme espagnole qu'au XVIe siècle, alors qu'ils avaient en principe disparu. Le persécuteur se présente comme persécuté par sa victime, vieux schéma qui a traversé les siècles, de l'Inquisition aux procès de Moscou. L'Espagne toute-puissante, l'Espagne de Charles Quint, cet empire sur lequel le soleil ne se couche jamais, cette fière nation est donc travaillée d'angoisses obsidionales, avec, au nombre de ses plus féroces ennemis, « les Turcs, les Maures, les Arabes, les Juifs, les Français, les Italiens, les Allemands, les Bohêmes, les Anglais et les Écossais » : c'est le vieux syndrome du dominant qui veut se croire dominé afin de frapper le premier. Mais peuple sans État, sans armée, sans territoire, les juifs sont néanmoins les plus menaçants : « Dans leurs quartiers et dans leurs synagogues, les Juifs maudissaient publiquement nos églises, nos prêtres, nos morts et en général tous les chrétiens. Ils nous traitaient d'hérétiques, demandaient à Dieu notre destruction, cette malédiction constituant la partie principale de leur Talmud infernal », rappelle en 1606 Diego García. L'antisémitisme sans juif sera une figure toujours réussie : la Pologne communiste et même postcommuniste s'y est livrée avec la même concupiscence que les Espagnols du Siècle d'or.

Avec le rattachement du Portugal à l'Espagne en 1580, la passion antijuive gagne les bords du Tage. Comme un élément contagieux, le juif infecte tout ce qu'il approche et la puissance de l'Espagne, pour grande qu'elle soit, reste menacée par cette race maudite. « Les Juifs et leurs descendants ne sont rien moins qu'abjects, infâmes, séditieux, cupides, avares, pernicieux pour la communauté des hommes, suspects d'hérésie, inquiets, ambitieux et perfides, menteurs et faux, incrédules à la nuque raide, propagateurs du mal, égoïstes, arrogants, orgueilleux, blasphémateurs, désobéissants à leurs parents, ingrats, sacrilèges, sans amour, sans paix, incontinents, sans bénignité, cruels, traîtres, lascifs, bouffis de vanité, rendant le mal pour le bien, superstitieux, amis de la vindicte et ennemis des chrétiens » : ce florilège d'Escobar del Corro décrit le climat d'une Espagne qui craint de voir son identité contaminée par les *conversos*. De là les « statuts de pureté du sang » qui interdisent à ces derniers et à leur descendance l'accès aux charges et aux professions libérales et à tout ce qui exige de l' « honneur ». Folie de tous les jours qui peut conduire un vieux chrétien à dépaver son patio parce qu'un *converso* vient de le traverser.

À chaque instant la vie du *converso* est menacée. Par la cupidité d'un concurrent, la vengeance d'un domestique, l'hostilité d'un voisin : l'Inquisition se repaît de dénonciations, comme aujourd'hui dans la grande tradition de la procédure inquisitoire le moindre juge d'instruction. Le dénoncé est fiché, surveillé, parfois pendant des années, avant que ne s'abatte sur lui le bras du Saint-Office. Les inquisiteurs tiennent à la disposition de la population des imprimés prérédigés ; ils l'appellent à une attention particulière le jour du sabbat. Le suspect porte-t-il, ce jour-là, une chemise propre ? A-t-il de nouveaux draps ? A-t-on sorti une nappe impeccable ? Les mandats d'arrêt sont prêts avec un espace blanc pour le nom de la victime. Une fois l'arrestation accomplie, se succèdent les actes classiques de toute bureaucratie répressive, de l'Inquisition au NKVD : fouille corporelle, séquestre des biens, vente forcée pour couvrir les frais d'incarcération. De l'accusé, le système attend moins une confession qu'une brassée de dénonciations. S'il ne fournit pas son lot de victimes, le *converso* a peu de chance d'échapper à son sort. S'il livre frères, cousins, amis, il peut être « réconcilié » à l'occasion d'un bel autodafé.

Avec l'annexion du Portugal et donc la méfiance à l'égard des *conversos* portugais, le délire purificateur atteint son apogée. Comment, sous une telle pression, marquer son attachement au judaïsme ? Les premiers *conversos*, vers 1500, parvenaient encore à s'appuyer sur une tradition orale, leur transmettant les rites et les pratiques. Mais cinq générations plus tard, d'où les grands-parents de Baruch pouvaient-ils tirer les références communautaires ? Des rabbins ? C'était naturellement exclu. De livres en hébreu ? Suicidaire. Ainsi se perpétuaient quelques rites, dont la signification échappait aux pratiquants et qui témoignaient d'une relation étrange à la religion juive. Sans vraie foi, sans liturgie, sans culture, mais viscérale, faite d'une impossible nostalgie et de réminiscences floues.

De quelle façon Spinoza a-t-il été, jeune, l'héritier de cette tradition marrane ? A-t-il vécu éduqué par les récits sans fin des martyrs de l'Inquisition ? A-t-il entendu à satiété les témoignages d'une histoire faite de répulsion-fascination à l'égard de l'Espagne ? Déteste-t-il ses origines ibériques ? Veut-il les occulter ou, au contraire, souffre-t-il du mal du pays ? Il y a certainement, même chez un esprit froid et rationnel, beaucoup d'amour-haine qui va, qui vient et qui circule. L'absence d'allusion, dans toute son œuvre, à cet environnement n'est pas gratuite. Imaginons, un instant, Spinoza sur le divan de Freud, sublime rencontre au sommet, véritable « camp du drap d'or de l'intelligence ». Le cher Sigmund ne se serait pas trompé sur ce silence : de cette amnésie, il aurait fait ses délices. L' « odeur de l'ail », le « cauchemar de l'arrestation », le « soleil du Tage » : voilà quelques digressions impossibles...

De la légende de la « Jérusalem d'or », Spinoza a été, là sans le moindre doute, bercé. Il n'a pu qu'entendre, à de multiples reprises, les trois récits contradictoires mais tous romanesques, voire romantiques, de l'installation des marranes portugais dans les Provinces-Unies.

Dans cette histoire d'exil, donc tragique, le rêve et la naïveté font soudainement irruption. À l'origine de la « Nation », puisque les juifs portugais se baptiseront ainsi une fois en Hollande, comme pour compenser par un mot d'orgueil leur humiliation passée, il y a plusieurs contes de fées. Un groupe de Portugais capturés en haute mer par les Anglais et emprisonnés à Londres. Une jeune fille de grande beauté, Maria Nuñez, qui fait la conquête de l'irascible Élisabeth Ire, devient la coqueluche de Londres et refuse, par fidélité aux siens, la demande en mariage d'un jeune lord. La libération des prisonniers par la grâce de la reine, leur errance sur les mers, leur arrivée à Amsterdam où la belle Maria se convertit au judaïsme pour épouser un de ses compagnons de voyage marrane et libéré désormais de sa « bâtardise ». Court dans cette légende un côté Terre promise, mélange de réminiscences bibliques et de contes pour enfants. De l'errance — judaïsme exige —, de la beauté, de l'esprit chevaleresque, une nouvelle Jérusalem : tout va vraiment pour le mieux dans le meilleur des mondes possibles.

Moins romanesque, mais plus curieuse, une deuxième histoire relate l'arrivée, dans le port d'Emden, de quelques Portugais. Attablés dans une auberge, ils sont alléchés par la vue d'une oie servie à d'autres clients. On leur explique que le volatile a été fourni par un juif du voisinage. Désireux de se procurer à leur tour une oie dodue, ils se rendent chez lui. Désemparés par l'inscription en hébreu sur la porte, qu'ils ne peuvent évidemment lire — « Vérité et paix sont fondements d'éternité » —, ils arrivent néanmoins à prendre contact avec le maître des lieux, en l'occurrence un rabbin, Moïse Urie Halevy, par le truchement de son fils Aron qui a appris l'espagnol chez un imprimeur vénitien. Et là, ils tombent le masque : marranes, ils n'ont de cesse que de revenir au judaïsme. Le rabbin leur déconseille de le faire à Emden, bourgade peu accueillante, mais leur suggère de se transporter à Amsterdam et se propose de les y aider. Et voilà la petite troupe, tels les comédiens du capitaine Fracasse, en route vers ce qui sera la Nouvelle Jérusalem. Le rabbin et son fils circoncisent les hommes ; la maison de Samuel Palache, l'envoyé à Amsterdam du roi du Maroc, se mue, on ne sait pourquoi, en synagogue ; la communauté est enfin créée. De la dissimulation, de la chance, un cortège brinquebalant, des personnages inattendus : le rêve est, là aussi, au rendez-vous.

Troisième légende, plus policière : un office de Kippour, interrompu par les hommes du bailli d'Amsterdam qui, entendant parler l'espagnol, espéraient prendre en flagrant délit des espions en train d'ourdir un complot à l'instigation de l'armée ennemie. L'âme de la communauté, Jacob Tirado, alias James Lopez da Costa, parvient à expliquer en latin — l'espéranto de l'époque — que, bien loin d'être des agents du roi d'Espagne, ses compagnons et lui ont fui l'Inquisition pour se réfugier sous la protection du bourgmestre d'Amsterdam. Et à partir de là, la communauté obtient sa reconnaissance, le conseil municipal autorisant, pour la première fois, l'installation de juifs dans sa ville. Quand ce miracle aurait-il eu lieu ? 1596 pour les uns ; 1603 pour les autres.

En fait, les archives notariales sont plus prosaïques et se plaisent à martyriser les légendes. Elles font état de la présence dans la ville, au début du XVIIe siècle, de nombreux marchands marranes qui commercent avec des parents et des amis en Espagne et en France. Dès 1602, ils participent à la fondation de la Compagnie des Indes orientales. Manuel Carvalho, Melchior Mendes, Diego Dias Querido : il n'y a pas de noms plus espagnols. Les voilà, nos frontaliers : Espagnols aux Pays-Bas, tolérés, malgré la guerre avec leur patrie d'origine, parce que juifs, mais attachés à leurs racines ibériques au point de ne pas changer de nom, ce qui est pourtant, à l'époque, la chose la plus facile du monde.

Entre l'arrivée des premiers émigrants et la naissance de Baruch s'écoulent à peine trente ans. Pourquoi, sur une période aussi courte, des légendes se substituent-elles à des souvenirs et à des récits ? Pourquoi la nouvelle communauté doit-elle plonger ses racines dans le flou et la poésie ? Voilà nos marchands, durs en affaires et résistants dans l'âme, qui réécrivent leur histoire avec des fantasmes de midinettes ! Ce n'est donc pas dans un univers de bourgeois paisibles et simples que naît le jeune Spinoza. C'est l'enfant type de la communauté. Son grand-père Abraham arrive, semble-t-il, au début du siècle, via Nantes. Dès 1621, le nom de Spinoza apparaît sur le registre des sépultures du cimetière d'Ouderkerk : c'est sans doute celui d'un des enfants d'Abraham, donc d'un oncle de Baruch. Le grand-père lui-même décède vers 1630. Quant à Michael, le père de notre philosophe, il est né aux alentours de 1600 à Figueira, près de Coimbra. Il se marie à Amsterdam vers 1620 — c'est donc adolescent qu'il a émigré —, avec une certaine Rachel dont le nom de famille nous est inconnu. De ce premier mariage naissent trois enfants, deux morts en bas âge et enterrés en 1623 et 1624, et une troisième, Rébecca qui, demi-sœur donc de Baruch, se présentera en 1677 comme son héritière. Rachel meurt, elle, le 22 février 1627. En charge d'un enfant en bas âge, Michael de Spinoza ne peut rester longtemps sans épouse. Aussi se remarie-t-il, un an plus tard, avec Hanna Debora de Spinoza, issue d'une autre branche de la famille. Dès 1629 naît une fille, Myriam. Mais il faut attendre 1632 pour que Michael ait enfin un fils, notre Baruch, né le 24 novembre et, suivant les règles bibliques, sans doute circoncis huit jours plus tard. Itinéraire classique de ce qu'on appellera plus tard et en d'autres lieux une famille d'immigrés de première génération.

La suite de l'histoire de la communauté est, elle, mieux cadrée. Il faudra une quinzaine d'années aux anciens Espagnols, ex-marranes, nouveaux juifs, pour être reconnus. La conquête de l'identité passe d'abord par le cimetière. Vivre entre soi n'a de sens que si, ultérieurement, on est enterré entre soi ! Mais en 1606 et en 1608, la municipalité leur refuse encore l'acquisition d'un cimetière. Six années de tractations supplémentaires seront nécessaires pour qu'en 1614 les juifs puissent enterrer leurs morts à Ouderkerk, petite localité proche d'Amsterdam. Quant à l'édification d'une synagogue, obsession naturelle d'une communauté qui y voit la seule preuve tangible de sa résurrection, elle fait encore problème en 1612 : le bourgmestre aurait même durci le ton, au point de menacer de la démolir, si elle était construite sans son autorisation. Les calvinistes, qui constituent le lobby naturellement le plus puissant de la cité, freinent des quatre fers afin d'empêcher une reconnaissance officielle de la présence des juifs dans la ville. Or quelle légitimation serait plus éclatante que l'édification d'une synagogue par une communauté en voie d'enrichissement, et donc en mesure de la construire belle, triomphante, ostentatoire ?

Afin de sortir de l'imbroglio, le gouvernement d'Amsterdam charge alors une commission comprenant deux échevins, Adnan et Reiner von Pauw, ainsi que le juriste Grotius — en effet Grotius, le vrai, le grand, le premier constitutionnaliste moderne — de réfléchir au problème de l'installation des juifs. Incroyable modernité de cette république des Provinces-Unies ! À une époque où l'Angleterre ressemble encore à une scène shakespearienne, où la France vit au rythme des intrigues et des assassinats, où l'Espagne sombre dans les délires de l'Inquisition, où la papauté ne sort pas de l'épisode Borgia, où même l'oligarchie vénitienne privilégie l'ordre en abusant de la prison des Plombs, sans parler des mœurs politiques de l'Empire ottoman, les bourgeois d'Amsterdam inventent le livre blanc, la commission royale à la britannique, le rapport à la française, tous ces instruments que les démocraties les plus modernes ont créés pour faire mûrir, face à l'opinion, les problèmes les plus brûlants.

Voilà qui en dit long sur le climat, hors normes, qui règne sur les rives de l'Amstel! Et que suggèrent nos sages, ces équivalents, au début du XVIIe siècle, d'un lord Jenkins britannique ou d'un Simon Nora? Un étrange compromis : « moins qu'une émancipation mais plus qu'une tolérance ». D'un côté, les contraintes d'un régime modéré d'exclusion : l'interdiction de remplir des charges civiles ou militaires; l'impossibilité de se marier avec des chrétiens; la punition de tout prosélytisme et, comme corollaire, de toute propagande antichrétienne; des limitations commerciales — l'exclusion des guildes, le refus du commerce de détail, mais le droit de faire toutes les autres formes de transaction. De l'autre côté, fait exceptionnel, unique dans l'histoire du judaïsme à cette époque, les juifs n'étaient pas obligés de vivre dans un ghetto et, encore plus surprenant, ils étaient tenus d'être de véritables fidèles : il leur fallait déclarer qu'ils croyaient à la loi de Moïse, à l'existence d'un Dieu créateur, à l'inspiration divine de Moïse et des prophètes, ainsi qu'à l'exigence d'une vie future, assortie de peines pour les méchants et de récompenses pour les justes. Grotius — puisque, par déférence rétroactive, on peut supposer qu'il a été la cheville ouvrière de la commission — exigeait des juifs l'orthodoxie afin de ne pas ajouter aux désordres et aux tensions religieuses que pouvait susciter l'hétérodoxie, d'où qu'elle vînt. Le Conseil d'Amsterdam entérina, en 1619, ce statut qui aboutissait à une situation paradoxale que, pour la première fois de l'histoire, en un même lieu, une communauté juive avait des droits supérieurs à ceux de la minorité catholique.

À la tendance naturelle des marranes « démarranisés » de rattraper un siècle et demi de frustrations religieuses par un surcroît d'orthodoxie, s'ajoutait donc une règle, imposée de l'extérieur, légale, les obligeant à respecter les principes et les rites communautaires. Une orthodoxie « au carré » prétendrait, en quelque sorte, un mathématicien. Il en résulta une chape de plomb dont l'épaisseur, le conformisme, la pesanteur jouèrent naturellement dans la révolte du jeune Spinoza. La communauté était collectivement assez libre, mais, par un étrange système de contrepoids, ses membres étaient, en revanche, privés individuellement de libertés ou, du moins, de libertés intellectuelles. Le cadre juridique de Grotius fut naturellement, au fil du temps, amendé. Les juifs gagnèrent des droits supplémentaires : le *poortersschap*, c'est-à-dire la citoyenneté, moyennant une somme minime, qui passa progressivement de huit à cinquante florins, mais qui était à la portée des petits-bourgeois en mal de reconnaissance. Par peur, de surcroît, de voir les juifs les plus importants quitter la ville pour Haarlem où l'accueil était encore plus libéral, et donc « délocaliser » leurs activités économiques, les magistrats municipaux n'hésitèrent pas à leur accorder, au cas par cas, des privilèges supplémentaires. Mais pour les juifs les plus orthodoxes de l'époque, véritables précurseurs des habitants des actuelles « colonies de peuplement » en Judée-Samarie, le contexte était idéal pour visser leurs coreligionnaires avec les règles communautaires les plus contraignantes possible.

Trois communautés différentes se mirent en place dans le cadre de ce « statut des juifs ». À la première, Beth Jacob, s'ajoutèrent Neweh Shalom — Oasis de Paix — et Beth Israël — Maison d'Israël —, chacune pourvue de constitutions, de règlements et naturellement de dirigeants de plus en plus nombreux. Dans ces instances, se multiplièrent les confréries, qui pour soutenir les pauvres, qui pour favoriser la pratique religieuse, qui pour diffuser l'enseignement sur la Terre sainte. Une armature légale, un afflux de réfugiés de plus en plus nombreux et divers, sans compter les raffinements naturels propres à l'esprit juif : la communauté d'Amsterdam n'était pas organisée comme une armée pyramidale en état de marche. Elle devait plutôt ressembler à l'actuel Parlement israélien, avec ses députés en train de faire sécession à chaque instant, ses partis charnières, son émiettement politique et son sympathique désordre. Lorsque Spinoza naît, la division règne.

Son père appartient à Beth Jacob, la plus ancienne communauté. De là à le voir en aristocrate d'un *Mayflower* de la Nation portugaise, il y a certes un pas. Mais dans ce monde juif d'Amsterdam, bouleversé chaque année par de nouvelles vagues d'immigration, formées de marranes attirés par un foyer de liberté et donc moins aventuriers que trente ans auparavant leurs prédécesseurs en quête, eux, d'un avenir aléatoire, être membre de Beth Jacob, c'est posséder un brevet d'ancienneté et des lettres de noblesse.

Sans doute, l'enfant Spinoza a-t-il eu les oreilles remplies des conversations d'adultes sur la nécessité d'unifier les trois communautés. Il a dû entendre les discussions les plus sophistiquées, où l'esprit talmudique se donnait à plein sur un sujet qui n'avait rien de religieux. Entre les trois organisations, il n'y avait ni divergence religieuse ni conflit d'obédience, mais les rivalités de la vie : des honneurs, du pouvoir, des apparences.

Pourquoi, à rebours de leur tempérament, plus portés à la complication qu'à la simplification, à la division qu'à l'union, au talmudisme qu'à la logique organisationnelle, les juifs d'Amsterdam fusionnent-ils, en 1639, leurs trois communautés en une seule, Qàtral quadosch Talmud Tora ? Sous ce nom, emprunté aux Vénitiens, c'est une véritable société qui se met en place. Avec son gouvernement assuré par un *mahamad* — un conseil — de six *parnassim* — six administrateurs — et d'un *gabbay* — un trésorier. Le conseil jouit d'une pleine autorité civile, économique et religieuse, ses décisions sont irrévocables et toute rébellion est passible du *herem* — l'excommunication majeure. Il nomme des officiers pour exercer des fonctions scolaires et le service du culte ; il siège comme tribunal de commerce — les marchands de la Nation ne devant pas en principe porter leurs litiges devant des cours composées de gentils — ; il lève l'impôt deux fois par an, à Pâques et à Kippour.

Voilà en place la microthéocratie contre laquelle le jeune Spinoza va se rebeller. Le *herem*, cet instrument de discipline, deviendra un jour l'acte fondateur du spinozisme. Il ne s'agissait pourtant, dans l'esprit des créateurs de la communauté, que de marquer leur territoire et de faire respecter un règlement qui, en cinquante-six articles, codifie dans ses moindres détails la vie des membres de la Nation portugaise. Et afin de leur éviter que, pris dans le tourbillon libertaire d'Amsterdam, ils ne finissent par s'égarer, les fidèles doivent chaque année psalmodier ces règles de vie, tels des versets religieux ; mais à la différence des psaumes, ils le font en portugais, et non en hébreu. Ainsi sont-ils obligés de répéter rituellement qu'il ne faut pas tirer l'épée contre un voisin, qu'il est interdit de prier plus fort que le chantre, que la conduite se doit d'être impeccable pendant la prière, et autres banalités du même type, comme si l'urgence était de remettre sur le droit chemin une troupe de viveurs épicuriens et éméchés.

Le paradoxe se met ainsi en place, qui fera du jeune Baruch le futur Spinoza. L'écart est trop grand entre la liberté, le dynamisme, l'entrain qui marquent le Siècle d'or d'Amsterdam, et le pointillisme, le rigorisme, la petitesse qui doivent en principe cadrer la vie de la communauté juive. Ce n'est pas une poignée de traditionalistes qui s'enferme dans des règles tutélaires, tels les habitants aujourd'hui de Mea-Sharim à Jérusalem ; c'est la communauté entière qui se claquemure et se protège. Par peur d'être emportée par le melting-pot de la ville ? Par réflexe de survie ? Ou simplement comme résultat d'une lutte de clans qui a donné la victoire aux extrémistes ? Nul ne le saura jamais, mais avec leurs codes, leur rigorisme, leur violence contenue, les conseillers du Mahamad ont planté un décor qui conduira à une montée irrésistible de l'hérésie avec, comme point d'orgue, le rejet du judaïsme par Baruch.

Pour l'instant, il n'en est pas là. Il fréquente naturellement l'école de Talmud Tora, y apprend comme tout jeune juif l'hébreu à travers la lecture des Livres saints, puis se penche sur les commentaires du Talmud. Rien que de très banal pour l'époque : ne dira-t-il pas de lui-même, dans le *Traité théologico-politique*, qu' « il a été imbu, dès son enfance, des opinions communes sur l'Écriture », seule allusion dans son œuvre à cette période de sa vie. Incroyable silence ! Voilà un homme qui vit la plume à la main, qui porte en lui la bâtardise des marranes, qui a connu la douleur de voir sa mère mourir alors qu'il n'est âgé que de six ans, qui a été pris dans un cycle scolaire dogmatique et astreignant et qui se contente, plus tard, de cette plate référence à son enfance. L'amnésie n'est jamais gratuite, penseront tous les psychanalystes en herbe, les psychologues en mal de cas, les psychothérapeutes en goguette. Spinoza adulte hait Spinoza jeune, ou déteste son père, ou ne s'est jamais remis du drame œdipien que représente la mort de la mère, ou abhorre le judaïsme au point de vouloir occulter la période où il l'a subi, autoritaire et tutélaire.

Cette école n'était pourtant pas un simple appareil d'obligations et de contraintes : ceux qui l'approcheront plus tard seront étonnés de son organisation en classes et disciplines, de son cursus minutieux, de ses emplois du temps précis — des cours de huit à onze heures et de deux à cinq heures, seul l'hiver apportant une modification d'horaire —, de la qualité de sa bibliothèque, d'une modernité qui détonne dans un siècle où l'idée d'enseignement ne se confond pas encore partout avec l'habile modèle jésuite. Les leçons se donnent pour la plupart en espagnol, comme dans presque toutes les communautés séfarades à travers le monde ; le portugais est certes parlé, mais il n'est pas la langue du savoir. Même la Bible s'enseigne en espagnol, à partir de la traduction réalisée en 1553 par Ferrara. C'est chez eux, à l'occasion de leçons particulières, lorsque leurs parents ont les moyens de leur en offrir, que les étudiants apprennent l'hébreu. Enfin, chaque jour, les élèves doivent aller à la synagogue pour la prière du soir.

Mais Baruch est, la suite le montrera, un homme de colloques singuliers, de dialogues socratiques, un maître à penser, non un professeur féru d'enseignement collectif. Est-ce le souvenir de Talmud Tora ou au contraire l'absence de réminiscences qui le conduiront à pratiquer l'enseignement d'une manière exactement opposée : individuel, maïeutique, sans règle, ni horaire, ni contrainte ? Un intellectuel dont l'éducation originelle se perd dans les sables, qui ne laisse rien transparaître, plus tard, de son premier contact avec les livres dont il fera son pain quotidien, qui n'a ni enfance, ni souvenir, ni réminiscence. Un « être sans son moi » : cette nature particulière, Spinoza en sera, toute sa vie, prisonnier. L'esprit le plus pur de la création serait-il un pur esprit ? Possible. Qu'il est rageant de tirer le fil d'une existence sans pouvoir entrer dans ce jeu sans fin et si rassurant du destin qui s'est forgé au départ ! C'est sans doute par défaut de substance que les psychiatres ne se sont jamais intéressés à Baruch : un génie sans trace originelle, quel ennui !

Quelle image Spinoza a-t-il gardée, hormis le rituel de Talmud Tora, de la vie de la communauté, telle qu'elle pouvait se projeter devant ses yeux d'enfant ? De l'usage des langues ? L'hébreu pour la synagogue, le portugais dans la vie courante, l'espagnol comme signe élitiste, comme le sera le français au XVIIIe siècle, avec un grand manque, le latin, que Baruch voudra à tout prix combler et qui lui donnera, dès l'adolescence, l'occasion d'une première rencontre atypique, donc fondatrice. Du rabbin, ce compagnon quasi quotidien ? Placé juste derrière le Mahamad dans la hiérarchie sociale, il est omniprésent : dans les mariages, les divorces, les partages de biens ; par son sermon qui installe les rites de la religion chez ces marranes dont aucun n'a de véritable souvenir religieux ; par son enseignement à l'école. Il ne vient pas d'Espagne puisque aucun marrane n'a, par définition, le savoir pour devenir rabbin. Aussi arrive-t-il des grandes communautés séfarades, Salonique, Venise, Fez, Oran; du monde ashkénaze, comme Moïse Urie Halevy; et bientôt d'Amsterdam même, dès que la Nation sera capable de former ses propres prêtres. Mais parmi les personnages cardinaux de la vie de Spinoza, les hérétiques, les originaux, les hétérodoxes prendront rapidement l'ascendant sur les rabbins : aucun ne semble, parmi ces derniers, l'avoir solidement marqué, à moins qu'après le *herem*, par vengeance, il n'ait décidé de les oublier. Spinoza pratiquera, à l'évidence, la mémoire sélective avec concupiscence.

Se souvient-il au moins de la vie intellectuelle, incroyablement omniprésente dans ce monde juif portugais d'Amsterdam, alors qu'elle se languit ailleurs, dans le Paris de la Fronde ou dans le Londres écrasé par Cromwell, son lord-protecteur. Les livres juifs se multiplient comme les pains : en hébreu, en portugais, en espagnol; publiés par des maisons juives, mais parfois imprimés sur des presses chrétiennes. Ce peut être un ouvrage d'édification, traduit d'un original hébreu de l'Espagne médiévale, avant l'expulsion de 1492; un livre didactique ou polémique, exposant les dogmes juifs à l'intention des nouveaux chrétiens faisant retour au judaïsme; un texte de pure distraction, théâtrale ou pratique; ou plus banalement une œuvre liturgique, sans cesse réimprimée, traversant les frontières, subrepticement exportée vers l'Amérique; ou, plus dangereux, un pamphlet antichrétien qui, opposant des interlocuteurs imaginaires, démontre, au terme de joutes serrées sur les versets de l'Écriture, la « vaine idolâtrie des gentils ». Tous ces livres ont reçu l'imprimatur du Mahamad, sauf naturellement les libelles antichrétiens dont la publication enfreint la constitution de Grotius et peut donc provoquer des difficultés pour la communauté elle-même.

Mais Spinoza voit aussi chaque jour l'autre versant de la vie juive, celui par lequel elle s'insère dans la cité : le commerce. Son père n'est certes ni un des plus importants ni un des plus renommés parmi les marchands juifs. Mais il réussit suffisamment pour appartenir à l'« upper class » de la communauté. Car derrière l'égalitarisme qu'impose, dans le quotidien, le rituel juif, la hiérarchie sociale est là, bien présente. Avec, à un extrême, des marchands menant grand train, au style de vie voisin de celui des oligarques protestants et, à l'autre, une piétaille miséreuse pour laquelle les emplois, exclusivement dans les maisons juives, sont rares et que seule la charité dispensée par d'innombrables confréries nourrit. D'un côté, les fils de bourgeois qui, outre l'éducation religieuse, reçoivent des leçons de précepteurs, se constituent des bibliothèques, fréquentent des académies poétiques où brillent des lettrés fraîchement arrivés de Lisbonne ou de Madrid — car la culture non religieuse demeure espagnole et portugaise. De l'autre, des enfants à l'abandon que seule l'organisation rigide de la communauté préserve de la marginalité.

Théocratique, égalitaire en théorie, hiérarchisé en réalité, le monde juif d'Amsterdam est bigarré. Il est, par la grâce du commerce et des échanges familiaux, ouvert sur le large : vers la péninsule Ibérique naturellement, les Indes orientales et occidentales, l'Allemagne, l'Angleterre, les communautés juives d'Italie ou de l'Empire ottoman, bientôt celles du Danemark, puisque le roi Christian IV vient d'ouvrir le pays, en 1622, aux juifs, et d'Angleterre pour laquelle Menasseh ben Israël, cet inspirateur de Spinoza, ira à Londres négocier avec Cromwell. Bizarre Nation judaïque portugaise d'Amsterdam, à la fois intravertie et extravertie. Tournée vers les rites, la religion, le dogme, soumise à une férule rigide, mais ouverte par la grâce du commerce vers le monde des gentils, ce qui, pour les juifs de l'époque, représente une situation quasi révolutionnaire.

Comme le quartier juif n'est pas un ghetto, y demeurent des chrétiens — et pas seulement Rembrandt — tandis que certains juifs habitent dans les autres districts de la ville. Il est donc possible pour un juif de vivre en dehors du ressort géographique de la communauté, tout en continuant à en être membre. De là, par le simple jeu des rencontres, des conversions au judaïsme que la Nation portugaise, échappant à la tradition, s'empresse d'accueillir. Les marranes ont certes une pratique particulière de la conversion. L'ayant vécue dans un sens, ils l'acceptent volontiers dans l'autre. Ainsi suffit-il, pour être membre du Mahamad, donc du gouvernement communautaire, de trois ans d'appartenance au judaïsme. Quelle incroyable souplesse : le droit du sol, ou plutôt de l'adhésion religieuse, poussé jusqu'à son paroxysme ! En un siècle où l'on piste les quartiers de noblesse, où les antécédents doivent servir de sésame, où les pesanteurs aristocratiques sont terribles, la communauté juive d'Amsterdam constitue une anomalie : accueillante mais rigide, ouverte mais dogmatique. Parce qu'elle est née, elle-même, d'une double conversion, hors du judaïsme puis vers le judaïsme, la Nation juive portugaise est, à sa manière, la Terre promise des convertis : elle s'enrichit de la sorte d'individus arrivés avec leurs bagages sociaux, culturels, familiaux, mais tous différents.

C'est un peu l'Israël des années 1950 que préfigure la Nouvelle Jérusalem d'Amsterdam : bariolée, bigarrée, portée par une même adhésion, avec ses intégristes, ses libéraux, ses orthodoxes, ses marginaux, et une religion acharnée à devenir l'unique creuset d'une population qui n'a pas dénoué ses liens avec le monde des goys. Mais de cet univers-là dans lequel chacun peut trouver son mode d'insertion, soit libéral et respectueux a minima de la religion, soit, à l'inverse, zélé et dogmatique, Spinoza ne voit qu'un côté, le plus rude, le plus sévère, le plus rétrograde, celui contre lequel il va se dresser. Du judaïsme de son enfance, il ne garde que l'image la plus austère et la plus régressive, celle qu'il reniera. S'est-il imposé la férule du rigorisme juif pour mieux le combattre ? Véhicule-t-il des traumatismes enfantins de la période de Talmud Tora dont il se vengera ? Rejettera-t-il le judaïsme parce qu'il ne s'aime pas et qu'à travers le juif, c'est lui-même qu'il flagelle ? A-t-il vécu plusieurs chocs psychologiques qui pourraient expliquer les ressorts philosophiques ultérieurs, ce qui serait tellement séduisant sur le plan intellectuel ? Ou Spinoza déteste-t-il le judaïsme de la Nation portugaise, parce que, par comparaison, il aime trop Amsterdam, cette République dont il est, à sa manière, un enfant ?

II

UN ENFANT DE LA RÉPUBLIQUE

« La ville d'Amsterdam n'a-t-elle pas expérimenté les bienfaits d'une grande liberté ? Ce qui ne l'empêche point de se développer, sans cesse, en tous domaines, sous les regards d'admiration des autres peuples. Dans cette florissante république et ville splendide, des hommes — de toute origine nationale et appartenant à toutes sortes de sectes religieuses — vivent dans la concorde la plus parfaite ! Au moment de faire un placement, les citoyens s'inquiètent seulement de savoir si l'homme à qui ils ont affaire est riche ou pauvre, si l'on peut se fier à lui ou si sa réputation est celle d'un trompeur. Une fois fixés là-dessus, ils ne s'inquiètent pas du tout de savoir à quelle religion ou à quelle secte l'autre partie adhère car, à supposer qu'on dût un jour aller devant le juge, cette considération ne servirait ni à faire gagner ni à faire perdre le procès. »

C'est Spinoza qui s'exprime de la sorte. Tout est dit du miracle d'Amsterdam : la liberté économique et la liberté individuelle sont indissociables ; le ressort du commerce est la confiance ; les relations entre individus relèvent du contrat, et un juge équitable en est le garant, indépendamment de la religion ou des opinions personnelles des contractants. La politique n'apparaît même pas en pointillés : l'oligarchie qui gouverne le pays n'est là que pour protéger les libertés individuelles et assurer la défense du territoire.

C'est de cette incroyable République que Spinoza est un enfant, et sa philosophie politique sera-t-elle autre chose que la traduction dans l'ordre qui est le sien de ce qu'il aura appris, par simple imprégnation, chez lui, à Amsterdam : le primat de la liberté, le culte de la raison, la relativité de la religion, les charmes d'un gouvernement modéré, l'équilibre des pouvoirs, les bienfaits du commerce ? Tous ces principes constituent autant d'anomalies dans une Europe ravagée par la guerre de Trente Ans. Dans ce contexte, Spinoza ne serait-il pas intellectuellement hors de son temps, comme la République d'Amsterdam le sera institutionnellement ? Il faudra ailleurs de longs détours pour que le capitalisme et la démocratie, fût-elle aristocratique, se rejoignent : deux siècles en Angleterre, davantage en France. Spinoza et Amsterdam sont, l'un et l'autre, des anachronismes : à République exceptionnelle, enfant exceptionnel.

Le 30 janvier 1648 Spinoza n'a pas encore seize ans ; il voit naître, issue du traité de Westphalie, la République des Provinces-Unies. Des quatre-vingts années de guerre qui ont opposé si durement ses compatriotes aux Espagnols, il n'entendra que des récits, des légendes, des souvenirs. Une fois de plus, les Espagnols lui apparaîtront oppresseurs et cruels : après les juifs, les Hollandais seront leurs victimes, mais lui-même n'en connaîtra rien dans sa chair. Ce 30 janvier donc a lieu la première décolonisation de l'Histoire, presque un siècle et demi avant l'indépendance des États-Unis et trois cents ans avant celle des Indes.

La première puissance coloniale du monde renonce : « Premièrement déclare ledit seigneur Roy d'Espagne et recognait que lesdits seigneurs, Estats généraux des Pays-Bas Unis et les provinces d'iceux, respectivement avec tous leurs Pays associés, villes et terres y appartenant, sont libres et souverains Estats, Provinces et Pays sur lesquels [...] ledit seigneur Roy ne prétend rien et [...] pour soy-même, ses hoirs et ses successeurs, il ne prétendra jamais rien. » Ce sont les accords d'Évian de 1962 en plus poétique. Quant aux autres dispositions, elles sont lourdes d'avantages pour les Néerlandais, en particulier la liberté de commerce dans les possessions espagnoles. Il aura fallu presque un siècle pour arriver, contre le cours naturel de l'Histoire, à ce dénouement. Spinoza mesure-t-il le caractère exceptionnel de la situation, son étrangeté ou, porté par l'atmosphère collective, voit-il dans l'événement l'aboutissement naturel d'un conflit, gagné dans les faits depuis longtemps, c'est-à-dire depuis 1590 ?

Le premier temps de la révolte a eu lieu, en effet, quatre-vingts ans plus tôt, entre 1565 et 1568, lors de l'affrontement entre les grands de la cour de Bruxelles et la gouvernante des Pays-Bas, Marguerite de Parme, fille de Charles Quint, chargée d'appliquer la politique de fer de son frère, Philippe II. Celle-ci essaie d'en atténuer la rigueur, en particulier dans la répression à l'égard des protestants, mais face au progrès de la Réforme, elle revient à la manière forte et balaie militairement l'irrédentisme hollandais : Guillaume d'Orange s'enfuit en Allemagne ; la répression s'installe — plus de mille exécutions — ; la population courbe l'échine.

Comme souvent, le réflexe anticolonialiste est d'abord fiscal : de même que deux siècles plus tard les colons américains, les Hollandais font la grève de l'impôt et celle-ci débouche sur une révolte armée. Pour triompher, il leur faut le soutien des troupes françaises : tel est le pari de Guillaume, dont la Saint-Barthélemy va sonner le glas. Avec le massacre des protestants parisiens, il perd ses plus fidèles alliés. Mais cette fois-ci, au lieu de se réfugier en Allemagne, il se retire dans le nord du pays « pour y faire sa sépulture », pratiquant en quelque sorte la stratégie du « réduit breton » que prônera, en 1940, de Gaulle, comme ultime môle de résistance. Et celle-ci fonctionne : le réduit finit par s'effondrer, mais la violence à laquelle cette résistance acharnée contraint les Espagnols ravive la révolte et mobilise les énergies hollandaises.

C'est à partir de cette défaite acceptée par avance, « politiquement révolutionnaire », que se développe la vraie guerre d'indépendance. Les rebelles rompent, pour la première fois, les digues autour de Leyde en 1574 ; les habitants affamés se battent bec et ongles — « chacun de nous a son bras gauche pour manger et réserve le droit pour repousser de nos murs le tyran et vous autres, ses ministres sanguinaires » — ; les troupes espagnoles apprennent ce à quoi l'arrogance castillane est, à cette époque, la moins préparée : se replier. À ce moment-là le rapport des forces commence à s'inverser suivant un processus qui sera, plus tard, le propre de tous les combats de décolonisation : le colonisateur gagne la première manche ; le colonisé s'arc-boute ; sa première victoire transforme la psychologie collective ; les dés roulent ; la partie est jouée, la rébellion devient révolte et la révolte, révolution. Le sud du pays se soulève à son tour ; l'administration coloniale vacille ; acculés, les Espagnols se livrent à d'ultimes massacres — huit mille morts à Anvers —; les députés des provinces décrètent le respect des religions en place, fixent le principe d'une nouvelle organisation constitutionnelle et Guillaume d'Orange devient régent. Mais la première puissance du monde ne renonce jamais : pas davantage l'Espagne de Philippe II vis-à-vis du Brabant que les États-Unis de Johnson à l'égard du Vietnam. Un nouveau gouverneur, des troupes fraîches, l'art d'attiser les divisions entre riches et pauvres, catholiques et protestants ; l'unité explose entre le Sud et le Nord, et le 23 janvier 1579, les députés du Nord concluent l'Union d'Utrecht, première base constitutionnelle des Provinces-Unies.

S'ouvrent alors, pour cette étonnante nation en formation, quelques décennies d'« impertinente survie ». De la chance, avec le désastre de l'Invincible Armada qui affaiblit le colonisateur et sauve l'allié anglais. De la ténacité chez les successeurs de Guillaume d'Orange, qui profitent du moindre relâchement espagnol pour cadenasser leur territoire. De l'habileté dans la manière diplomatique de jouer des alliances de revers avec la France et l'Angleterre, au nom du vieux principe : les ennemis de mes ennemis sont mes amis. De la persévérance sur le terrain militaire, de façon à éviter toute modification substantielle du rapport de forces.

Le résultat sera la signature, en 1609, d'une trêve de douze ans. Ce n'est pas encore la reconnaissance formelle de l'indépendance, mais les Espagnols « se disent contents de traiter avec lesdits sieurs des états généraux en qualité et comme les tenants pour pays, provinces et États libres sur lesquels ils ne prétendent rien » : le statu quo territorial est entériné ; la question religieuse — suprême habileté — passée sous silence et le droit d'action en « Inde », c'est-à-dire en Indonésie, légitimé. Quant à la fermeture de l'Escaut, elle a l'avantage, aux yeux des Hollandais, de maintenir Anvers en léthargie et donc d'accélérer le déplacement du « centre de l'économie-monde » vers Amsterdam. Le compromis marque au demeurant la victoire, dans le camp hollandais, des bourgeois, c'est-à-dire des modérés désireux de commercer en paix, sur les aristocrates qui auraient préféré continuer d'en découdre sur le terrain. C'est dans ce contexte-là, avec l'ascendant pris par la bourgeoisie sur la noblesse, que naîtra la conscience politique de Spinoza : sans le dire, le *Traité théologico-politique* en portera la trace.

Autre élément de décor qui va peser sur l'esprit de notre philosophe : l'empirisme institutionnel. Quelle construction baroque en effet que les Provinces-Unies ! Ce sont un « État de fait », avec pour seul fondement juridique, jusqu'au séisme de la Révolution française, l'acte d'Union d'Utrecht, c'est-à-dire un document dont le flou serait insupportable pour des esprits rationnels et dont l'ambiguïté paraît admirable à des empiriques, mâtinés de culture libérale. Ainsi de la souveraineté : une résolution de 1590 proclame les états généraux comme « souveraine institution », en précisant qu'ils ne connaissent pas d'« autre autorité supérieure » que celle des États provinciaux eux-mêmes. Quel formidable déni de l'« autorité divine » que cette définition ! C'est l'équivalent, dans l'ordre institutionnel, de ce que représentera chez Spinoza la dévalorisation de Dieu. Puisque l'heure n'est pas encore à la souveraineté populaire, et que Dieu est hors jeu, il ne reste d'autre voie qu'une approche sartrienne : l'existence de la souveraineté précède son essence. Imagine-t-on plus moderne ?

Quant à l'organisation des pouvoirs, elle invente sans le savoir, et près de deux cents ans avant le Congrès de Philadelphie, le fédéralisme. Les provinces sont autonomes. Ne relèvent des Provinces-Unies que l' « office de la monnaie » — déjà ! —, l'armée et la flotte. S'ajoute, certes, la fonction du stathouder, que les régimes fédéralistes ultérieurs, eux plus rationnels, éviteront. Ce vice-roi sans royauté possède quelques attributs régaliens — le commandement de l'armée, le droit de grâce, la nomination des magistrats. Dénué de charisme personnel, il préfigure les monarques constitutionnels ; doté d'une autorité naturelle, il lui est aisé de devenir le chef.

Cette architecture biscornue et floue constitue un décor institutionnel idéal pour un affrontement, tel que le marxisme aimera les théoriser, entre la bourgeoisie marchande hollandaise et l'aristocratie regroupée autour des Orange-Nassau. La première domine les états généraux, en raison du poids relatif de la Hollande, et dans la province, du poids écrasant des villes. Or les municipalités sont désignées par cooptation au sein d'une classe étroite, cumulant pouvoir économique et politique, les « régents » — environ sept cents personnes. Le président des États de Hollande — le « pensionnaire » —, premier personnage civil, est le porte-parole naturel de cette oligarchie bourgeoise. Pendant du stathouder, il en devient naturellement l'adversaire institutionnel. À travers eux s'affrontent bourgeoisie et aristocratie, principe oligarchique et philosophie monarchiste, la démocratie censitaire et l'absolutisme, le pouvoir économique et la légitimité militaire, le commerce et les armes. L'équilibre des pouvoirs s'invente, sous les yeux des Hollandais, pour la première fois au monde : il tient au tempérament des deux acteurs, au climat de la période

— pacifique, il favorise le pensionnaire ; belliqueux, il avantage le stathouder —, aux hasards inhérents à toute « cohabitation ». C'est en effet la première figure d'une cohabitation institutionnelle qui se met en place !

Dans un tel décor, comment Spinoza pourrait-il être autre chose qu'un anti-Voltaire ? À des institutions raisonnables, philosophe de la raison. À un système absolutiste, philosophe de combat. On ne pense pas l'histoire et la politique, bercé par les arabesques institutionnelles hollandaises, comme on peut le faire sous la férule d'un pouvoir absolu en décomposition. Ainsi Spinoza écrira-t-il, le moment venu, dans le *Traité théologico-politique* : « La raison qui fait qu'en pratique le pouvoir n'est pas absolu, c'est donc que la masse de la population reste redoutable aux détenteurs du pouvoir ; elle conserve en conséquence une certaine liberté qui n'a pas d'expression légale. »

De ce microclimat politique hollandais, rien ne porte mieux témoignage que la liberté religieuse. L'Union d'Utrecht prévoyait en effet que « pour l'exercice public de la religion, s'il doit être permis ou interdit à ceux qui font profession d'une religion différente de la religion réformée, que chaque seigneurie en ordonne comme elle trouvera à propos, selon son usance. [...] Cependant que tous soient tenus de permettre à chacun la liberté de religion et de conscience sans persécuter, ni troubler aucun pour ce sujet-là ». On est à mille lieues, institutionnellement, de l'édit de Nantes. La liberté est individuelle ; elle n'est pas octroyée à une communauté. Le dispositif institutionnel n'est pas établi, *ex cathedra*, du sommet ; il est renvoyé « à la base ». Le rapport de forces militaires et politiques entre religions ne pèse pas ; le droit va à l'individu. C'est, une fois de plus, la révolution américaine et non la Grande Révolution qui est en germe dans le fonctionnement des Provinces-Unies.

La cohabitation entre la famille d'Orange-Nassau et la bourgeoisie ne sera pas toujours un lit de roses. Ainsi, à la suite d'escarmouches institutionnelles, le pensionnaire essaie en 1617 d'arracher le pouvoir militaire au prince d'Orange et de le transférer aux municipalités. Le stathouder se rebelle et parvient, deux ans plus tard, à faire condamner et exécuter son rival. Mais immédiatement, le souci de l'équilibre reprend ses droits et au lieu, comme l'aurait fait un prince français, de pousser son avantage, le stathouder cherche à rétablir le consensus national, face à la guerre de Trente Ans qui vient de commencer.

Quand Spinoza naît, l'Europe est en effet à feu et à sang depuis quatorze ans. Les Provinces-Unies, devenues une grande puissance continentale, participent énergiquement à la mêlée, aux côtés naturellement des puissances protestantes — Danemark, Suède, principautés allemandes —, mais aussi de la France qui s'acharne à mettre en pratique les préceptes de Richelieu sur lesquels elle fondera jusqu'en 1789 sa politique — au diable la religion ! Éviter une puissance dominante en Allemagne exige l'alliance avec les protestants. Dans ces conditions, malgré les rodomontades de Madrid, la reconquête des provinces rebelles relève pour les Habsbourg espagnols d'une vue de l'esprit. L'inverse, en revanche, c'est-à-dire la réunification du sud et du nord des Pays-Bas paraît, elle, plausible ; aussi constitue-t-elle l'enjeu d'un affrontement souterrain entre les régents et le stathouder. Chacune des deux parties est dans son rôle : prudente, la bourgeoisie ne veut pas céder à l'aventurisme militaire ; attachée à ses intérêts, elle n'a aucune envie d'une reconquête qui aboutirait à la réouverture de l'Escaut et donc à la résurrection d'Anvers, l'éternelle rivale d'Amsterdam ; commerçante, elle préfère la liberté d'action sur les mers à l'annexion de territoires. Le stathouder Frédéric-Henri, allié de la France, ne peut, lui, que rêver d'un État et d'une monarchie à la française : s'éloignant de la sobriété hollandaise, il va même jusqu'à construire des palais, inventer une étiquette, susciter une cour. Les états généraux ne s'y trompent pas et, devant cette dérive dynastique, s'attribuent le pouvoir en politique étrangère. Tout est prêt, en 1640, pour un nouvel affrontement.

La mort de Frédéric-Henri ne suffit pas à lever l'hypothèque ; son fils, Guillaume II, brillant, impétueux, veut en effet reprendre la lutte contre l'Espagne et intervenir dans la guerre civile anglaise. Les états généraux décident, en réaction, de réduire l'armée à trente-deux mille hommes ; la province de Hollande cesse même de payer certaines troupes. Le conflit paraît inexorable, mais Guillaume II meurt le 6 novembre 1650 de la petite vérole, et son successeur, le futur Guillaume III, naît huit jours après sa mort.

S'ouvre alors une période sans précédent qui accompagnera l'essentiel de la vie de Spinoza : un pays sans stathouder, donc livré au règne absolu de l'oligarchie. Ainsi les états généraux récupèrent-ils à leur profit la cooptation des magistrats, jusqu'ici nommés par le prince ; ils vont même en Hollande jusqu'à prendre en 1654 un « acte d'exclusion » de manière à écarter les Orange-Nassau du stadhoudérat et du commandement de l'armée. C'est, sans réforme institutionnelle pour le proclamer, la République qui se met en place. Spinoza en sera un serviteur fidèle, proche et peut-être intime, pendant la période qui s'ouvre, de celui qui deviendra le héraut de ce régime, Jean de Witt, le « grand pensionnaire ». Au nom de ce qu'il appellera la « vraie liberté », celui-ci n'aura de cesse, pendant vingt ans, de rogner les prérogatives de la famille princière. Certes, l'acte d'exclusion, produit évident de l'influence de Cromwell, ne résistera pas à la mort du lord-protecteur britannique et sera abrogé en 1660, mais les États de Hollande chercheront une autre voie, afin de parvenir au même résultat, déclarant incompatibles les offices de stathouder, de capitaine général et d'amiral général. Cette politique butera sur le sentiment orangiste des classes populaires, au point de déboucher, vingt ans plus tard, sur l'assassinat de Jean de Witt et de son frère Cornelis, en 1672. Spinoza aura donc vécu l'apogée du système républicain, mais aussi sa chute.

Mais dans les années 1650, au moment où se forme sa *Weltanschauung*, la République a triomphé, les Provinces-Unies ont vu le colonisateur espagnol mettre bas les armes et le gouvernement hollandais mener, sans entrave, une politique internationale destinée à faciliter le dynamisme marchand du pays. Se noue alors une équation très bourgeoise « oligarchie = paix = commerce », qui constituera l'arrière-plan politique du spinozisme.

Pour les innombrables admirateurs de Braudel, secte dans laquelle je me reconnais, ce n'est pas rien l'Amsterdam de l'époque de Spinoza, ce centre de l'économie-monde où notre héros apprend les rudiments du capitalisme, lorsqu'en 1654 il succède à son père. Sans doute jamais la théorie de l'économie-monde qui nous conduit de Venise à Anvers, d'Anvers à Gênes, de Gênes à Amsterdam, d'Amsterdam à Londres, de Londres à New

York et qui nous entraîne aujourd'hui quelque part vers le Pacifique, sans qu'entre Los Angeles, Vancouver, Tokyo, Shanghai les dés se soient encore arrêtés de rouler, jamais donc cette philosophie du capitalisme ne s'applique avec autant de grâce. Laissons parler Braudel.

Première leçon du maître : « Une économie-monde peut se définir comme une triple réalité. Elle occupe un espace géographique donné ; elle a donc des limites qui l'expliquent et qui varient, bien qu'avec une certaine lenteur. [...] Une économie-monde accepte toujours un pôle, un centre, représenté par une ville dominante, jadis un État-ville, aujourd'hui une capitale économique. Toute économie-monde se partage en zones successives. Le cœur, c'est-à-dire la région qui s'étend autour du centre ; les Provinces-Unies (mais pas toutes les Provinces-Unies) quand Amsterdam domine le monde au XVIIe siècle. [...] Puis viennent des zones intermédiaires autour du pivot central. Enfin, très larges, des marges qui, dans la division du travail qui caractérise l'économie-monde, se trouvent subordonnées et dépendantes, plus que participantes. Dans ces zones périphériques, la vie des hommes évoque souvent le Purgatoire, ou même l'Enfer. »

Deuxième leçon, enthousiaste : « La splendeur, la richesse, le bonheur de vivre se rassemblent au centre de l'économie-monde, en son cœur. C'est là que le soleil de l'Histoire fait briller les plus vives couleurs, là que se manifestent les hauts prix, les hauts salaires, les marchandises royales, les industries profitables, les agricultures capitalistes ; là que se situent le point de départ et le point d'arrivée des longs trafics, l'afflux des métaux précieux, des monnaies fortes et des titres de crédit. Toute une modernité économique en avance s'y loge : le voyageur le remarque qui voit Venise au XVe siècle, Amsterdam au XVIIe siècle, ou Londres au XVIIIe, ou New York aujourd'hui. Les techniques de pointe sont là aussi d'ordinaire, et la science fondamentale les accompagnant est avec elles. Les "libertés" s'y logent, qui ne sont pas entièrement des mythes et pas entièrement des réalités. Songez à ce que l'on a appelé la liberté de vie à Venise, ou les libertés en Hollande, ou les libertés en Angleterre. »

Troisième leçon, classique. C'est la surpopulation qui crée le mouvement économique. « Comparées au reste de l'Europe, les petites Provinces-Unies s'affirment sururbanisées, surorganisées, en raison même de la densité de leur population. Un voyageur qui va de Bruxelles à Amsterdam rencontre "de telles foules de gens qu'il n'y a pas autant de carrosses — et Dieu sait s'il y en a — dans les rues de Rome qu'il y a ici de charrettes remplies de voyageurs, tandis que les canaux qui coulent dans toutes les directions à travers le pays sont couverts d'innombrables bateaux". La moitié de la population des Provinces-Unies vit dans les villes — c'est le record de l'Europe. D'où une économie survoltée avec la multiplicité des échanges, la régularité des liaisons, l'obligation d'utiliser à plein les chemins de la mer, les rivières, les canaux et les routes de terre qu'anime, comme dans le reste de l'Europe, le roulage paysan. "... Le port d'Amsterdam est toujours plein à craquer. Je n'ai rien vu qui m'ait aussi surpris, dit un voyageur. Il est impossible qu'on puisse se figurer, sans l'avoir vu, le superbe effet de deux mille bâtiments renfermés dans le même port." Un guide parle, lui, de huit mille vaisseaux. Ne chicanons pas. Ce qui est hors de doute, c'est la multitude des pavillons que l'on observe à loisir de la place du

Dam. Cette circulation fait d'Amsterdam "le magasin général de l'univers, le siège de l'opulence, le rendez-vous des richesses et l'affection du ciel". »

Quatrième leçon, où les exigences de l'économie-monde croisent, sans le savoir, Spinoza. « Parmi ces flots de réfugiés, protestants français, anversois ou juifs de la péninsule Ibérique, se glissent de nombreux marchands, souvent possesseurs de capitaux importants. Les juifs séfarades, en particulier, ont contribué à la fortune de la Hollande. Werner Sombart voudrait qu'ils aient apporté à Amsterdam ni plus ni moins que le capitalisme. C'est évidemment excessif. Nul doute, en revanche, qu'ils aient fourni un appui sérieux à la ville, ainsi dans le domaine des changes et plus encore des spéculations boursières. De ces activités, ils furent les maîtres, voire les créateurs. Ils ont été aussi de bons conseillers, des initiateurs pour la constitution de réseaux d'affaires à partir de la Hollande vers le Nouveau Monde et la Méditerranée. Un pamphlétaire anglais du XVIIe siècle soupçonne même les marchands d'Amsterdam de les avoir attirés uniquement par intérêt, "les juifs et autres étrangers leur ayant ouvert leur propre commerce mondial..." Les juifs, en tout cas, ce ne sont pas les seuls à avoir "fait" Amsterdam. Toutes les places marchandes d'Europe ont fourni leur contingent à la ville qui allait être ou était déjà le centre du monde. [...] Ceux qui choisirent l'exil en Hollande n'y arrivèrent donc pas les mains vides ; ils apportaient des capitaux, des compétences, des relations commerciales et c'est, sans conteste, une des raisons du démarrage rapide d'Amsterdam. »

Cinquième leçon, où le théoricien joue au cinéaste. « À Amsterdam quand l'entrepôt va, tout va. Tout est concentration, entassement : les navires serrés dans le port comme harengs en caque, les allèges en mouvement sur les canaux, les marchands à la Bourse, les marchandises qui s'engouffrent dans les magasins et ne cessent d'en sortir. Une flotte "vient-elle à accoster, raconte un témoin du XVIIe siècle, que, par le moyen des courtiers, à la première réunion des marchands à la Bourse, toute cette quantité de marchandises est achetée, et les navires, déchargés en quatre ou cinq jours, sont prêts pour un nouveau voyage". Si vite achetée, certainement pas. Mais les magasins sont capables de tout avaler, puis de tout dégorger. Il y a, sur le marché, une quantité énorme de biens, de matériaux, de marchandises, de services possibles, tout est disponible à l'instant. Un ordre, la machine se met en marche. C'est par là qu'Amsterdam maintient sa supériorité. Une abondance toujours prête, une masse énorme d'argent en constant mouvement. Quand ils sont d'une certaine classe, les marchands et les hommes politiques hollandais sont conscients, ne serait-ce que par leur pratique, au jour le jour, de l'énorme puissance qui est entre leurs mains. [...] La comparaison avec une foire est banale, mais du coup l'essentiel est dit du rôle d'Amsterdam : réunir, stocker, vendre, revendre les marchandises de l'univers. »

C'est le capitalisme, dans son essence même, qui s'offre au regard du jeune Spinoza. Devenu marchand par la force des choses, à la mort de son père, il ne semble pas s'être lancé avec excitation dans le jeu de l'argent. Un entrepreneur à la Schumpeter ne sommeille pas chez Baruch : accumuler, construire, développer, accumuler à nouveau, toujours et sans fin, ne l'obsède à l'évidence pas. Un spéculateur attiré par le profit et le délit d'initié, comme le sera en revanche Voltaire, non plus. Un commerçant aux aguets, toujours en mouvement, faisant corps avec la ductilité de l'argent, encore moins. Les formes de l'intelligence ne sont certes pas interchangeables et nul ne peut garantir qu'Einstein serait devenu, s'il l'avait voulu, Rockefeller. Mais dans cet Amsterdam, embarrassé de richesses [1], il n'aurait pas été difficile à un jeune homme ayant pignon sur rue grâce à l'héritage paternel, raisonnablement curieux et normalement vif, de s'enrichir. Or Spinoza, une fois « installé philosophe », ne vit pas à l'évidence de son capital et de ses rentes : ne prétendra-t-il pas plus tard que son travail de polisseur de lentilles est destiné à le nourrir. Encore cette affirmation-là est-elle suspecte. Spinoza polira-t-il des verres par nécessité — il pourrait trouver, par d'autres moyens, le peu d'argent que requiert sa frugalité — ou manifeste-t-il de la sorte une vraie, belle et bonne névrose maniaque? Spinoza névrosé, cela ne colle guère à l'image sulpicienne du philosophe rationnel. Nous verrons. Mais question argent, c'est à coup sûr un maladroit : il réussit à ne pas s'enrichir !

Baruch donc n'accumule pas; sans mener son affaire à la ruine, il la fait vivoter. Sans doute ne lui consacre-t-il pas une part suffisante de son énergie intellectuelle. Or, pour devenir un bon entrepreneur, il faut être monomaniaque : ne penser qu'au profit et à la croissance; oublier une affaire, dès qu'elle est faite, pour se consacrer à la suivante; considérer la plus-value d'hier comme naturelle et ne rêver que de la prochaine; être insatiable, boulimique de travail et d'accumulation, sans repos ni

1. Pour parodier le titre du beau livre de Simon Shama : *L'embarras de richesses*, Paris, Gallimard, 1991.

relâche. Rien de compatible avec les exigences de la vie intellectuelle, non en termes d'emploi du temps mais de concentration et d'obsession.

On ne peut être à la fois grand intellectuel et entrepreneur émérite. À bon entendeur, salut ! Or, quand Spinoza succède à son père — auparavant, il ne faisait que s'initier au commerce —, nous sommes en 1654, à deux ans de son excommunication, et à un moment où il est en plein apprentissage de l'hérésie. De l'argent, Spinoza n'a qu'une opinion molle, digne d'un brave bourgeois de province : « Une nation est indépendante dans la mesure où elle est capable de veiller à sa propre prospérité. Il est certain que les hommes sont d'autant mieux en mesure de veiller à leur sécurité qu'ils sont plus puissants du fait de leur richesse. » Il y a du « Barenton confiseur » chez notre génie ! En revanche, il en tire très vite la certitude que le « fonctionnement des rouages gouvernementaux devra donc être agencé de telle manière que les administrateurs auxquels sont confiées les affaires publiques servent au maximum leur intérêt personnel, lorsqu'ils veillent avec le plus de zèle au bien général ». Fouquet n'aurait pas renié une telle phrase, ni Talleyrand. C'est dire que, si Spinoza n'est personnellement intéressé ni par l'argent ni par le capitalisme, ce Monopoly grandeur nature, il en reconnaît l'utilité, comme rouage d'une société pacifiée. C'est donc par un détour qu'il attache du prix à l'éclatante prospérité de sa ville. Parce qu'elle est le gage de la liberté, c'est-à-dire de la liberté des mœurs, de la liberté de vie et de la liberté de conscience. La tautologie qui fondera le système occidental — marché = liberté —, il la fait, à son époque, sienne : « pour ne rien dire ici de la nécessité première de cette liberté pour l'avancement des sciences et des arts ; car les sciences et les arts ne peuvent être cultivés avec un heureux succès que par ceux dont le jugement est libre et entièrement affranchi », écrira-t-il plus tard dans le *Traité théologico-politique.*

Ce ne sont pas la seule maladresse de Baruch et son manque d'appétit pour les affaires qui ont mis en difficulté la firme familiale. Pénalisée par les restrictions imposées aux navires hollandais en Angleterre en 1651, bouleversée par les conséquences économiques de la guerre anglo-hollandaise en 1652, l'entreprise croule sous les dettes. Elle trouvera certes un répit lorsque le conflit naissant entre l'Angleterre et l'Espagne redonnera un avantage compétitif aux marchands hollandais, mais la gestion plutôt fade de Baruch coûte néanmoins à l'entreprise. Ainsi en 1655 dispose-t-il d'une créance de cinq cents guinées sur trois diamantaires juifs portugais, les frères Alvares. Renvoyé de l'un à l'autre, il se laisse abuser par les subterfuges de ses interlocuteurs, finit par porter plainte, obtient l'arrestation temporaire d'un des trois débiteurs, accepte de transiger au point de payer les frais d'emprisonnement, signe une transaction et, semble-t-il, clôt l'aventure sans recouvrer le moindre florin. Spinoza n'est ni assez dur, ni assez méfiant, ni sans doute assez intéressé pour jouer au commerçant.

Amsterdam manifeste, dans son urbanisme, sa sérénité et son opulence. Vite passée de trente mille habitants en 1585 à plus de cent cinquante mille quand Spinoza est devenu marchand, donc au milieu du XVIIe siècle, la ville ne cesse de s'étendre. Grouillante, étonnante par la diversité des nations qui viennent y commercer — tous les peuples affluent : Allemands, Danois, Suédois, Français, Anglais, Arméniens... —, où se côtoient autant d'étrangers que d'autochtones, première cité cosmopolite de l'Histoire. Les plus belles demeures sont naturellement les maisons bourgeoises, conçues par une société qui n'a que faire des modèles légués par la noblesse. Ouvrant par trois ou quatre fenêtres sur la rue ou le canal, s'élèvent d'étroites façades, hautes de quatre à six étages, surmontées d'un fronton baroque, toutes semblables : les mêmes qu'aujourd'hui, car Amsterdam, le long de certains canaux, n'a pas changé davantage depuis l'époque où Spinoza arpentait le quartier juif que Prague depuis Kafka ! Cossues, ces demeures semblent préserver une relative austérité ; les pièces sont nombreuses et vastes mais aucune ne saurait servir à des réceptions fastueuses. L'esprit de Vaux-le-Vicomte ne règne pas le long de l'Amstel. Arrivé en 1631, Rembrandt ne se fit pas construire un riche palais, comme celui de Rubens à Anvers ou Mantegna à Padoue. Ces demeures sont très décorées, mais sans tapisserie. Avec de belles peintures, porcelaines et gravures, et des cages « remplies de perroquets et d'oiseaux variés ».

Poursuivant sa visite, un étranger peut découvrir que « les hôpitaux de la ville sont très beaux et très bien tenus, l'un pour les soldats, l'autre pour les hommes et le troisième pour les femmes ; une maison pour les hommes âgés qui y sont bien traités ; une autre où l'on met ceux qui manifestent peu d'empressement à bien faire, auxquels on ne donne pas à manger tant qu'ils n'ont pas fait leur travail ». C'est d'un ordre social et politique inédit que témoignent de telles institutions, comme la Rasphuis et la Spinhuis, deux hospices fondés dès la fin du XVIe siècle et destinés à servir à la fois de prison et de centre de rééducation, le premier, la « maison à râper » dont les détenus, tous hommes, doivent raboter le bois du Brésil, et le second réservé aux femmes que l'on astreint à filer. Financés par de riches marchands, ces établissements anticipent sur le réflexe charitable que l'Occident cultivera partout avec délectation à partir du XVIIIe siècle, mélange indissociable de générosité, d'efficacité et de sens de l'ordre public. Emporté par l'enthousiasme, tel visiteur va même jusqu'à comparer la Spinhuis, reconstruite en 1643, à une demeure princière.

Mais le plus étonnant, pour notre voyageur, est moins le cosmopolitisme, naturel dans un port, que le brassage des religions. Mesure-t-on l'outrecuidance libérale et l'audace de l'acte d'Utrecht qui proclamait en 1579 que « nul ne pourrait être poursuivi pour ses opinions et sa religion » ? Cohabitent ainsi, outre nos marranes, en proportion presque égale, catholiques et calvinistes, avec la longue cohorte de tous ceux qui ont fui les persécutions : Wallons du « premier refuge », c'est-à-dire des protestants des Pays-Bas du Sud — la Belgique d'aujourd'hui — menacés par l'Inquisition espagnole, sociniens polonais, anabaptistes et mennonites de Frise et de Gueldre, fort mal vus des calvinistes orthodoxes, libertins d'obédiences diverses. Certains détestent ce pot-pourri libertaire, tel l'Anglais Maxwell : « Amsterdam turque, chrétienne, païenne, juive. Réservoir des sectes et creuset de schismes. Cette banque de la conscience où, même étrange, toute opinion trouve crédit et valeur. » Tout Amsterdam est dans ce sonnet, la liberté étant même décrite avec les mots du commerce — banque, crédit, valeur.

Amsterdam est donc tolérante. Par principe mais aussi par intérêt, dès lors que la tranquillité publique est le meilleur gage du développement économique. Parce que la mémoire collective a gardé de la persécution espagnole le souvenir que « là où l'Inquisiteur met le pied, le marchand déloge », les calvinistes les plus intransigeants n'ont pas pu imposer leur fondamentalisme. Dans cette « grande arche des fugitifs », selon le mot de Bayle, ne se sont pas embarqués que des persécutés, mais aussi des intellectuels avides d'une vraie liberté d'expression. Si Descartes n'avait pas séjourné trente ans dans les Provinces-Unies entre Leyde, Amsterdam et Franeker, Spinoza aurait-il rencontré le cartésianisme, et s'il ne l'avait pas croisé, le spinozisme aurait-il existé ? Jeu de miroirs sans fin, rendu possible par un climat dont le même Descartes pouvait dire, en 1631, dans une lettre à Guez de Balzac : « Quel autre pays où l'on puisse jouir d'une liberté si entière, où l'on puisse dormir avec moins d'inquiétude ? »

Dès que se manifestent les premiers miasmes de l'intolérance ou de ce qu'on appellera plus tard l'intégrisme, le « système » réagit, en l'occurrence la bourgeoisie oligarchique qui s'est arrogé le pouvoir. Ainsi, par exemple, du bourgmestre Hooft s'adressant aux « intégristes » : « Pourquoi nous sommes-nous élevés contre la tyrannie espagnole ? N'est-ce pas parce que nous ne pouvions supporter le despotisme religieux et les restrictions imposées à notre liberté ? Et notre victoire n'est-elle pas due au fait que, tous ensemble, catholiques et protestants réunis, nous avons agi de concert ? Je ne comprends pas que, vous autres, vous ne puissiez laisser les gens vivre tranquillement, avec leurs convictions propres, tant qu'ils ne constituent pas une menace pour la liberté commune. Si vous agissez comme il semble que vous allez le faire, de la haine vous passerez directement à la cruauté, et avant même d'être libérés, vous vous apprêtez à exercer votre pouvoir contre ceux qui ne pensent pas comme vous. Au roi d'Espagne, en dépit de sa grande puissance, nous n'avons pas voulu reconnaître de droits sur notre conscience et ces droits, vous voudriez vous les arroger ? Est-ce de cette façon-là que nous nous sommes rendus maîtres du pays ? »

S'est imposée, de la sorte, une vision laïque du religieux, la première de l'Histoire. « Que les ministres [du culte] n'aillent pas fourrer leur nez dans les affaires des autorités, mais qu'ils s'en tiennent à la parole de Dieu. Nous désirons seulement que les autorités civiles, puisque l'autorité de l'État leur est échue, puissent la conserver et que l'on n'ouvre pas toutes grandes les portes qui assurent au clergé, aux hommes d'Église, une juridiction nouvelle, un nouveau pouvoir sur les autorités et les sujets[1]. »

Dans cet environnement étrangement laïque, la théocratie qui régit la petite Nation portugaise détonne. Ce qui est vrai à l'échelle des cent cinquante mille habitants d'Amsterdam ne l'est pas pour les deux mille juifs. La communauté bénéficie de la laïcité ambiante, mais en son sein elle ne la pratique pas. Comment cette distance entre une ambiance de liberté et un micromilieu dogmatique ne pousserait-elle pas un esprit original à transcender les interdits communautaires ? Spinoza respire la tolérance, la liberté, quand il se promène, citoyen parmi d'autres, dans Amsterdam, mais redevenu juif obéissant, il doit accepter les ukases du Mahamad ! Contradiction insupportable qui, au fil des années, le poussera à rechercher l'excommunication, c'est-à-dire à ses yeux l'émancipation : il pensera sans doute que, si le judaïsme est, avant tout, une quête jamais satisfaite de morale, celle-ci ne peut se mener sous une férule quasi policière.

1. Coonhert cité par K.O. Meinsma, *Spinoza et son cercle*, Paris, Vrin, 1983.

S'il est possible à Amsterdam de ne fréquenter aucune Église et de n'appartenir à aucune secte, la plupart des habitants adhèrent à une conviction ou à une croyance. L'athéisme n'a pas pignon sur rue ; il ne relève même pas des arrière-pensées ; sans doute flotte-t-il, au plus, dans l'inconscient de quelques-uns et encore, quel détour ne faudra-t-il pas à Spinoza pour voir Dieu partout, donc nulle part ! Ce ne sont pas les seuls juifs qui bénéficient de la tolérance ambiante, mais aussi les sociniens chassés de Pologne par les jésuites, détestés par l'ensemble du monde chrétien, catholiques et protestants pour une fois réunis, et donc plus sulfureux même que le judaïsme. Au nom des exigences de la raison, les sociniens ne veulent admettre ni le dogme de la Trinité, ni ceux de l'Incarnation et de la Rédemption. Ils sont donc, par le seul jeu de ces deux affirmations, en conflit aussi bien avec les protestants qu'avec les catholiques. Plus attachés à l'action du Christ qu'à son essence, ils considèrent que sa mission a été de révéler la volonté de Dieu et de sceller, par sa mort, sa prédication : il a été aidé en cela, comme tous les hommes peuvent l'être, par le Saint-Esprit, force divine qui agit en tout croyant. Après une période de difficultés qui les a vus menacés d'expulsion et certains de leurs livres voués à un autodafé, les sociniens eux-mêmes finissent par trouver leur place à Amsterdam. Une fois installés, ils font preuve de prosélytisme au point d'attirer, parmi d'autres, le jeune Spinoza qui trouvera, après son expulsion de la communauté juive, aide et appui dans ce milieu d'esprits libres où l'on enseigne que l'homme, par ses seuls mérites et sa croyance en Jésus, peut gagner son salut.

Là où règne la tolérance, l'écrit prospère. Alors qu'on brûle des livres partout en Europe, Amsterdam en fabrique. En latin et dans toutes les langues de l'Europe. Quatre-vingt-seize libraires en 1600 ; deux cent soixante-treize en 1699 ; près de trente mille personnes — libraires bien sûr, fabricants et marchands de papier, graveurs et fondeurs de caractères, typographes, relieurs — vivent de cette industrie. Aucune censure préalable n'est à l'œuvre ; seuls les états généraux peuvent interdire un livre. Cela arrive, mais libraires et auteurs rusent. Il en ira ainsi en 1670 pour la publication du *Traité théologico-politique* ; Spinoza s'effacera derrière l'anonymat ; son éditeur Jan Rieuwertsz prendra le pseudonyme d'Henri Conrad et fera croire que l'ouvrage a été imprimé à Hambourg. Lorsque le livre sera interdit un an plus tard, il en sera à sa quatrième édition et les libraires le réimprimeront avec l'ancienne date de parution. On est loin de la mise à l'Index vaticanesque ou de la censure royale. Et ce d'autant plus que, pour les Hollandais, l'édition n'est pas un pur geste intellectuel ; c'est aussi un commerce car le livre est un bon produit, échangeable contre d'autres marchandises : en 1644 des bibles anglaises imprimées à Amsterdam seront négociées contre du textile ; d'autres contrats font état de troc contre du cuir, des mâts pour bateaux, des toiles, des meubles.

Les éditeurs suivent la demande. Puisqu'elle est portée par la piété, les libraires calvinistes n'hésitent pas à imprimer missels catholiques, corans, bibles arméniennes, bibles juives et non juives, talmuds. Une fois de plus le commerce et la liberté font le meilleur ménage du monde. Au fil des ans, le livre pénètre dans chaque demeure : les plus humbles possèdent une bible, les plus riches une collection, et les premiers « best-sellers » apparaissent, en dehors même du champ religieux :

ainsi, en 1655, un ouvrage de poésies illustrées de Cats atteindra, malgré un prix élevé, cinquante mille exemplaires. Les œuvres de morale, les romans de chevalerie, les récits de voyages se multiplient, de même que les ouvrages scientifiques, les cartes terrestres ou marines, les atlas, les livres de navigation traduits en toutes les langues, les ouvrages d'application des mathématiques, de la physique ou de l'hydraulique.

Dans cette explosion éditoriale, les juifs — peuple du Livre oblige — se taillent une place privilégiée, et leurs éditeurs travaillent pour l'ensemble de la diaspora. C'est à Amsterdam que sont publiés les livres en hébreu que les presses de Pologne, de Venise, de Livourne ou de Constantinople n'impriment pas. Mais pour les libraires juifs existe une censure plus vigilante que celle des états généraux : les *parnassim* imposent un examen préalable de tout texte publié par un membre de la communauté, afin de vérifier, s'il s'adresse aux juifs, son orthodoxie et, si son public est chrétien, qu'il ne peut nuire aux bonnes relations avec les autres communautés. Menasseh ben Israël, lorsqu'il devient en 1626 imprimeur et marchand, fera les frais à plusieurs reprises de cette censure. Cela ne l'empêchera pas de prospérer et de multiplier les tirages à plusieurs milliers d'exemplaires du Pentateuque ou d'autres ouvrages religieux. En vingt-deux ans, il aura ainsi publié quarante-sept livres en hébreu et vingt-trois en espagnol et latin, n'oubliant jamais d'adresser en exergue de chaque exemplaire un remerciement à la République des Provinces-Unies pour la liberté et l'accueil dont jouissent ses coreligionnaires.

Communautés religieuses, cercles de réflexion, salons littéraires : les Provinces-Unies sont une ruche intellectuelle. On échange visites et correspondances ; on joue avec les mots et les idées ; on rime, discute, disserte ; on fonde une société dont le siège est au domicile de l'un de ses membres ; on se donne des statuts ; on distribue des prix ; on se plaît à se connaître et se reconnaître. Les salons se hiérarchisent avec, en haut de l'échelle à Amsterdam, celui de Roemer Visscher, fils de boutiquier enrichi dans le commerce des grains, cultivé, jovial, poète satirique à ses heures, qui vit comme un patricien italien, sans n'avoir rien ni de patricien ni d'italien. Ses deux filles, Anna et Maria Tesselschade, règnent sur la maison ; férues de poésie, de peinture, de musique, elles reçoivent tous ceux qui visent à Amsterdam la gloire littéraire ou philosophique. Spinoza y a-t-il été accueilli ? Sans doute pas. En serait-il sorti différent, plus mondain, plus lettré, moins intellectuel ? Nul ne le saura.

Ce monde-là, personne ne le décrit mieux que Simon Shama : « La membrane protectrice grâce à laquelle la culture hollandaise a bien tenu plus d'un siècle durant était une merveille d'élasticité. En réaction à des stimuli extérieurs appropriés, elle pouvait se dilater ou se contracter, à mesure que s'altéraient les conditions de sa survie. Sous pression, elle pouvait se resserrer au point de souder les Hollandais dans le sentiment de leur indissoluble unité. En des temps plus ouverts, elle pouvait se relâcher et se gonfler, ménageant ainsi la place à une différenciation interne et à l'absorption de toute une gamme de croyances, de confessions et même de langues. Une espèce de filtre social omniscient engloutissait ces corps étrangers pour les recracher sous forme de “burghers”. »

La République des Provinces-Unies est, à la fois, pour employer les mots d'aujourd'hui « assimilationniste et communautariste » : il s'y fabrique une vraie identité, une adhésion forte à un modèle républicain et, en même temps, les communautés peuvent s'affirmer sans vergogne ni contestation. Idéologiquement, elle porte de la sorte en germe deux héritages : l'un conduit vers la révolution américaine et ses valeurs ; l'autre vers la Révolution française et son universalisme. Chaque individu est soumis à Amsterdam à des forces contradictoires : côté République, la tolérance, la liberté, le bouillonnement intellectuel ; côté communautaire, l'identité, l'ancrage, la hiérarchie et un parfum théocratique. À cette aune-là, la jeunesse de Spinoza se vit comme une transition. L'enfant de la République prend progressivement le pas sur le marrane. Mais avant la rupture fondatrice du *herem*, c'est un long cheminement que suit Baruch. Le charme discret de l'hérésie ne l'enveloppe en effet que lentement. Il lui faudra maints exemples pour l'aider à s'émanciper.

III

LE CHARME DISCRET DE L'HÉRÉSIE

Un homme est agenouillé à l'entrée de la synagogue. Les supplices se ressemblent tous : la place de Grève, la place des exécutions à Riyad, ou ici la synagogue d'Amsterdam. Et pourtant la tradition juive ne s'identifie pas en général avec les châtiments corporels Mais en plein Siècle d'or, dans cette Jérusalem du Nord, oasis de tolérance dans une Europe secouée par les conflits de religion, les chefs de la communauté ont osé. Ils ont condamné pour hérésie intellectuelle un de leurs coreligionnaires à recevoir trente-neuf coups de fouet et qui plus est en public pour que l'humiliation soit complète. En ce mois d'avril 1647, Spinoza a quinze ans. Élève de Talmud Tora, fils d'un membre respecté de la communauté, il ne peut qu'être présent au côté de son père. Aucune femme n'est naturellement admise; seuls les hommes peuvent en effet assister au châtiment, qu'en leur nom certains d'entre eux ont ordonné.

Encadré par de jeunes rabbins, transformés par les circonstances en geôliers, les mains liées derrière le dos, dénudé, Uriel da Costa attend son supplice. Un homme en robe noire s'approche; il lit le texte de l'accusation, puis le verdict, se saisit d'un fouet à neuf lanières de cuir et commence à frapper. On peut imaginer la suite, tant ce genre de scène nous est cinématographiquement familière : les efforts du condamné pour rester droit et ne pas crier ; la peau qui rougit, se strie, éclate ; le sang qui ruisselle ; les ahanements, malgré sa volonté, de la victime ; son effondrement au quinzième, vingtième ou trentième coup ; le fouet qui continue de tomber avec la régularité d'un métronome ; le silence de plus en plus lourd, de plus en plus glacé et, à la fin, un corps inanimé, abandonné jusqu'au moment où le bourreau lui lance, le supplice terminé, un baquet d'eau glacée avant, assisté par ses aides, de le ramener chez lui et de l'y abandonner.

Que pense, pendant ces longues minutes scandées par le fouet, Baruch ? S'indigne-t-il de l'attitude des adultes autour de lui, y compris son père, tous vêtus de leur caftan de cérémonie, tous bons, bienveillants et plutôt indulgents dans la vie quotidienne et qui trouvent naturel de voir ainsi bafoué, pour ses propos, un des leurs ? Bande-t-il toutes ses forces pour ne pas crier, partir et s'exposer, lui aussi, à la suspicion de la communauté ? Décide-t-il, de façon subreptice, inavouée ou lucide, de rompre un jour avec le judaïsme ? Mesure-t-il le contraste entre l'air de liberté qu'il respire à Amsterdam et ce supplice par lequel les juifs s'approprient, fussent-ils atténués, les mœurs d'une Inquisition dont ils ont été depuis 1492 les victimes les plus naturelles ? Voit-il, dans ce châtiment, la main de Dieu, sa perversité ou la preuve de son absence ?

Et comment ces sentiments contradictoires s'exacerbent-ils le lendemain, quand, à l'instar de tous les membres de la communauté, Baruch apprend le dénouement ? Abandonné chez lui par les aides du bourreau, da Costa a détaché la corde de chanvre qui servait à descendre le seau au fond du puits, l'a accrochée à un piton de fer, a approché un tabouret et s'est pendu. Quelle rumeur, quel bruit, quels fantasmes ont-ils parcouru les rues du quartier juif, lorsque ses habitants ont appris le suicide du supplicié de la veille ? Suicide doublement scandaleux puisqu'il contrevient aux préceptes de la Loi et qu'il résulte d'un châtiment corporel, lui aussi étranger à la pratique juive. La légende da Costa vient de naître. À quel point obsédera-t-elle Baruch dans son travail d'émancipation vis-à-vis du judaïsme — au sens où les psychanalystes parlent de travail ? Le « grand œuvre » du supplicié, *Exemplar humanae vitae*, sera en tout cas retrouvé dans la bibliothèque de Spinoza à sa mort. Mais bien davantage que l'influence intellectuelle de da Costa sur l'auteur du *Traité théologico-politique*, c'est la fascination de l'hérésie sur Spinoza jeune qui est décisive.

L'homme da Costa ne pouvait pas en effet laisser indifférent notre adolescent. Né à Porto, dans une famille de petite noblesse, donc chrétienne mais d'origine juive, il a reçu l'éducation classique d'un apprenti gentilhomme — l'équitation, les armes et la culture de l'oisiveté. Attiré par la spiritualité, il a commencé à lire l'Évangile avec un œil peu commun pour l'époque, au point d'y découvrir, selon ses propres termes, « des problèmes insolubles, dans l'angoisse et dans la crainte » et de remettre en cause le salut éternel ! Prudent, à l'en croire, autant que l'exigeaient les circonstances, il a gardé *in pectore* sa conviction. Mais il entame alors un itinéraire intellectuel qui, à partir de sa découverte de l'Ancien Testament, le conduit à répudier le christianisme au profit du judaïsme. C'est un marrane par accident : parce que ses aïeux lointains étaient juifs, on le rattache à cette tradition, alors que pour lui le judaïsme n'est pas une résurrection, c'est un choix. Uriel n'est pas un bâtard : contemplé à partir des catégories sartriennes, il a au contraire choisi sa liberté !

Afin de donner libre cours à sa foi, il fuit à Hambourg d'abord, puis à Amsterdam, en quête de retrouvailles religieuses. Mais au lieu de découvrir le judaïsme originel moral, éminent, hiératique sur lequel il avait projeté ses fantasmes, il se heurte à une religion quadrillée par les rabbins et des coutumes de plus en plus contraignantes : « Au bout de quelques jours, je m'aperçus que les mœurs et les institutions des juifs ne correspondent en rien aux prescriptions de Moïse. Car si la Loi doit être observée dans sa pureté, comme elle est la première à l'exiger, alors ceux qu'on appelle des “sages” parmi les juifs ont inventé à tort nombre de choses que la Loi a en horreur. » Et parmi ces pseudo-sages, les pires sont les rabbins « qui aiment à occuper les premières places au temple et à être salués les premiers dans la rue ».

Le conflit devient, dès lors, frontal. Les dirigeants de la communauté exigent une soumission complète sous peine d'exil et Uriel s'y refuse, qui n'a pas abandonné sa patrie et adopté le judaïsme pour déférer à des ukases à ses yeux méprisables. Le voilà donc exilé comme « membre pourri » de la communauté — les mots ne sont pas neutres. Tous les juifs sont sommés de l'ignorer, y compris ses frères dont il était jusqu'alors le guide spirituel. Mais il y a chez Uriel de l'aristocrate hidalgo, bien davantage que du talmudiste dissident. C'est un être aux antipodes de ce que sera Spinoza : provocateur, arrogant, combatif, alors que notre héros se montrera persévérant, prudent et parfois peureux. Décidé à proclamer que la vraie vérité de l'Ancien Testament, c'est l'absence de vie éternelle, il est plus que jamais proscrit : « Les enfants excités par leurs parents et par les rabbins se rassemblaient en bandes dans la rue, me maudissaient et me harcelaient de toutes sortes de propos diffamatoires, particulièrement blessants, criant que j'étais un hérétique, un renégat. Parfois aussi ils s'ameutaient devant ma porte, lançaient des pierres et faisaient tout ce qu'ils pouvaient pour m'inquiéter, de sorte que je n'étais même pas en sécurité dans ma propre maison. » Le climat tolérant d'Amsterdam s'arrête aux portes du quartier juif. Spinoza ne sera guère mieux traité, le moment venu, et le coup de poignard qui le visera un jour aurait pu tout aussi bien toucher da Costa.

Le combat d'Uriel va durer quinze ans. Quinze ans de haine, de tensions, d'escarmouches, ponctués d'un bref emprisonnement. Les rabbins n'hésitèrent pas, puisque l'immortalité de l'âme faisait aussi partie de la doctrine chrétienne, à transmettre le dossier à la justice civile : celle-ci arrêta l'hérétique, avant de le libérer sous caution et de confisquer ses livres. La solidarité des religions établies ne date pas d'aujourd'hui. Que fait d'autre le grand rabbin de France quand il vient au secours de l'épiscopat pour justifier l'interdiction à l'affichage d'un livre ?

Au bout de huit ans d'exil intérieur, rejeté par les chrétiens et par les juifs, Uriel essaie de sortir de son complet isolement et fait les concessions minimales afin que les rabbins acceptent, sous bénéfice d'inventaire, son retour. La trêve sera de courte durée. Nouvelle provocation : da Costa dissuade deux chrétiens qui voulaient se convertir au judaïsme de le faire, comme s'il regrettait son propre itinéraire. Nouvelle sanction :

« Puis on lut à haute voix dans un petit livre un passage stipulant que je devais me présenter à la synagogue en tenue de deuil ; que, tenant à la main un cierge noir, je devais prononcer en présence de la communauté certaines paroles qui paraissent assez sottes et dans lesquelles mes crimes étaient poussés à l'extrême. Puis, dans la synagogue, je serais flagellé avec un fouet ou une lanière de cuir, après quoi je m'étendrais sur le seuil et toute la communauté passerait par-dessus moi. » Nouveau refus et donc nouvel exil.

Isolé, de plus en plus pauvre, désespéré, da Costa finit par accepter le prix de sa soumission et du retour dans la communauté, donc le châtiment. Avait-il décidé en même temps du suicide, comme si l'abdication, la flagellation, la pendaison constituaient les étapes indissolubles de son calvaire ? Ou est-ce la violence de l'humiliation publique qui le conduisit à ce geste d'ultime désespoir ? Énigme insoluble et, à la limite, secondaire. Da Costa a été broyé par la communauté. Un homme seul, si indépendant et courageux soit-il, ne peut lui résister. Spinoza fera-t-il sienne cette leçon, lorsqu'il préférera à la soumission une rupture que l'excommunication rend irréversible mais qui préserve, elle, la possibilité de reconstruire une vie ?

Certes, l'exemple d'Uriel ne suffit pas à expliquer à lui seul l'émancipation de Spinoza. Son propre environnement a joué un rôle, car même s'il respectait parfaitement ses obligations de notable, son père n'était pas un dévot borné. Sans le vouloir, en incitant son fils à ne pas confondre la religion et la dévotion ostentatoire, celui-ci a en effet contribué à lui enseigner le doute et le scepticisme. Ainsi de l'anecdote que narre Lucas, son élève devenu le premier biographe de Baruch ou son premier hagiographe. « Même si, de nature, il était porté à lutter constamment contre la superstition, les enseignements de son père, qui ne manquait pas de bon sens, y ont contribué pour beaucoup. À plusieurs reprises, ce brave homme lui avait dit de ne surtout pas confondre la superstition et l'hypocrisie avec la vraie dévotion et, voulant éprouver son fils qui n'avait alors qu'une dizaine d'années, il l'envoya encaisser une somme d'argent qu'une vieille femme d'Amsterdam lui devait. Lorsque Baruch entra chez la vieille, il la trouva plongée dans la lecture de la Bible. Elle lui fit signe d'attendre qu'elle eût fini son chapitre. Celui-ci terminé, l'enfant lui fit sa commission et elle lui compta son argent sur la table en disant : "Voilà ce que je dois à votre père. Puissiez-vous devenir aussi droit que lui ; il ne s'est jamais écarté de la Loi de Moïse et le Ciel ne vous bénira que tant que vous suivrez son exemple." Puis elle rassembla l'argent pour le mettre dans le sac de l'enfant. Mais lui, remarquant que la vieille avait tous les caractères de la fausse dévotion contre lesquels son père l'avait si souvent mis en garde, voulut le recompter, malgré ses protestations. Il trouva qu'il manquait deux ducats que la vieille avait fait glisser par une fente dans le tiroir et vit là une confirmation de son opinion. Fier de l'issue de cet incident, il observa désormais les personnes de cette sorte avec plus de soin qu'auparavant et sut plus tard railler avec tant d'esprit que tout le monde en fut étonné. » L'épisode est-il vrai ? Peu importe : que Lucas l'évoque, peu après la mort de Spinoza, témoigne de la légende spinoziste en voie de naître. À la limite de l'enfance et de l'adolescence, Baruch est déjà un esprit fort, indépendant et peu influençable.

C'est ce même tempérament qui le pousse à apprendre, de son propre chef, le latin. Voilà le premier acte par lequel il s'évade de la communauté. Le latin est évidemment à cette époque la clef du monde des goys. C'est la langue des savants, des lettrés, des intellectuels, mais plus encore c'est la langue de la religion adverse. Une double fenêtre donc vers l'univers de la culture et vers le catholicisme. Est-ce la première tentation de l'émancipation ? Toujours est-il que Baruch ne peut compter sur Talmud Tora et sur les institutions communautaires pour lui enseigner le latin. D'après Colerus, ce serait un étudiant allemand qui aurait commencé à l'initier quelques heures par jour. Mais la chose se corse lorsque le jeune Spinoza décide, pour poursuivre son apprentissage, de s'adresser à François Van den Enden. Le choix n'est pas neutre, la suite le montrera, et notre héros devine sans doute à quelle porte il frappe.

Colerus n'hésite pas à jeter un anathème sur le personnage : « Cet homme enseignait avec beaucoup de succès et de réputation ; de sorte que les plus riches marchands de la ville lui confièrent l'instruction de leurs enfants, avant qu'on eût reconnu qu'il montrait à ses disciples autre chose que le latin. Car on découvrit enfin qu'il répandait dans l'esprit de ces jeunes gens les premières semences de l'athéisme. C'est un fait que je pourrais prouver, s'il en était besoin, par le témoignage de plusieurs gens d'honneur qui vivent encore et dont quelques-uns ont rempli la charge d'ancien dans notre Église d'Amsterdam et en ont fait les fonctions avec édification. Ces bonnes âmes ne se lassent point de bénir la mémoire de leurs parents, qui les ont arrachées à temps de l'école de Satan en les tirant des mains d'un maître si pernicieux et si impie ! » Enfin l'odeur du soufre intellectuel et Baruch, naturellement, le sait.

Avec Van den Enden, c'est un aventurier qui fait irruption dans la vie bien réglée de Baruch : si parfum d'aventure il y avait jusqu'alors, c'était dans son inconscient. Van den Enden a, à l'évidence, de la trempe : il ne peut que détonner par rapport aux rabbins militants de Talmud Tora, aux chefs compassés de la communauté, aux marchands sages et prudents parmi lesquels vit la tribu Spinoza. Ancien médecin pour les uns, ex-jésuite pour les autres, le personnage mérite, à l'évidence, cet hommage ultime : le fantasme jésuite. Van den Enden serait, d'après nos catégories contemporaines, ce que nous appelons un « ancien révolutionnaire ». Originaire d'Anvers, né le 5 février 1602, il a vécu le déclin de sa ville, sous les coups de boutoir d'Amsterdam, sa rivale ; il a vu les artisans tisserands, dont faisait partie sa famille, menacés par les premiers pas d'une industrie textile capitaliste. Décrépitude économique, déshérence de l'environnement urbain, l'univers de Van den Enden ne pousse pas à l'optimisme. Études traditionnelles : augustins, jésuites, tentative avortée de noviciat, université de Louvain pour apprendre les langues classiques et la littérature, puis à nouveau théologie au collège jésuite.

Mais son « mauvais esprit » frappe déjà les puissances en place : il est chassé en 1633 de Louvain, sur ordre, dit-on, du général des jésuites pour ses « erreurs ». À l'aune des exigences de la Compagnie, celles-ci ne font, dès lors, que s'aggraver : il fréquente les libertins, les alchimistes, les marginaux de toute obédience. On perd brutalement sa trace, comme souvent avec les aventuriers révolutionnaires, avant de le retrouver marié à Anvers en 1642, puis médecin à Amsterdam. Trois ans plus tard, diplomate, paraît-il, au moment du traité de Münster, esthète, commerçant, éditeur, directeur d'une école latine. C'est là que Spinoza va apprendre le latin

« dans la joie », sous l'égide de Van den Enden, « un homme à la conversation charmante, de petite taille, mais d'une physionomie spirituelle et très agréable, frais, aussi agile qu'on puisse l'être à trente ans », à en croire un de ses contemporains, et surtout alchimiste, provocateur, marginal. Avec lui, Spinoza découvre la « philosophie du feu », mais aussi toutes les techniques nouvelles, dont l'optique, qui lui servira à la fois de gagne-pain et d'exutoire à son tempérament maniaque. Au hasard des discussions, il rencontre pour la première fois les préoccupations politiques ou sociales, alors que jusque-là son horizon se limitait au fonctionnement théocratique de la communauté.

Le Van den Enden, dont Spinoza est le disciple, devait déjà porter en lui les idées qui en feront, avant l'heure, un philosophe des Lumières. Un texte anonyme publié en 1662 — *La courte relation des Pays-Bas nouveaux* — lui sera attribué, qui définit les principes démocratiques d'un bizarre « phalanstère ». On y retrouve un souci peu commun à cette époque pour le peuple qu'il faut amener « à un intérêt pour l'État en l'associant à la croissance économique, voilà le seul problème sérieux en politique » — bien vu. Le refus du statu quo dans ces Provinces-Unies, où « tout est abondance, certes, mais si inégalement réparti ». Une critique en règle de la gestion calamiteuse de la Compagnie des Indes occidentales et d'un système économique qui croule sous les dettes et les impôts indirects. Et enfin les règles à établir dans une unité de peuplement d'environ six cents familles qui posséderaient en commun la terre, le bétail, les richesses du sous-sol, les manufactures — Fourier deux siècles avant la lettre —, lesquels, au bout de cinq ans, seraient répartis entre eux par tirage au sort ! S'y ajoutaient l'ouverture des frontières aux hommes et aux produits, une exemption d'impôts pendant trente ans, afin de stimuler l'économie, et quelques autres provocations du même acabit.

Van den Enden est le premier dans l'histoire des idées à préfigurer le rêve américain : bâtir, outre-Atlantique — tel est son vœu —, une société meilleure, parce que rationnelle. Il ne fait, de ce point de vue, qu'inaugurer une longue tradition qui court jusqu'à aujourd'hui. Incroyable pot-pourri autogestionnaire, libéral, communautariste — suivant nos propres catégories mentales — qui n'aura aucune postérité immédiate et dont Spinoza se gardera bien, dans ses propres écrits, d'endosser les principales idées. Mais dix ans avant d'écrire un ouvrage aussi subversif, un homme ne peut que le porter en lui, de sorte que Baruch a sans doute été confronté, avec le Van den Enden de 1650 dont il était l'étudiant, aux prémisses des audaces publiées en 1662. De même, lui qui apparaîtra plus tard pusillanime, prudent, renfermé, devait-il être estomaqué par l'allant, le côté bravache, l'allure à la Barry Lyndon de son pédagogue.

Là aussi une vision prospective s'impose pour comprendre le bonhomme Van den Enden. Ce professeur de latin ne se contentera pas de jouer avec les idées ; il mourra en effet pendu à Paris. Retrouvons Colerus : « À l'égard de Van den Enden, comme il était trop connu en Hollande pour y trouver de l'emploi, il se vit obligé d'en aller chercher ailleurs. Il passa en France où il fit une fin très malheureuse, après y avoir subsisté pendant quelques années de ce qu'il gagnait à sa profession de médecin. François Helma rapporte que Van den Enden, ayant été convaincu d'avoir attenté à la vie de Monseigneur le Dauphin, fut condamné à être pendu et exécuté. Cependant quelques autres qui l'ont connu très particulièrement en France avouent à la vérité cette exécution, mais ils en rapportent autrement la cause. Ils disent que Van den Enden avait tâché de faire soulever les peuples d'une des provinces de France qui, par ce moyen, espéraient rentrer dans la jouissance de leurs anciens privilèges ; en quoi il avait ses vues de son côté : qu'il songeait à délivrer les Provinces-Unies de l'oppression où elles étaient alors, en donnant assez d'occupation au roi de France en son propre pays pour être obligé d'y employer une grande partie de ses forces ; que c'était pour faciliter l'exécution de son dessein qu'on avait fait équiper quelques vaisseaux, qui cependant arrivèrent trop tard. Quoi qu'il en soit, Van den Enden fut exécuté ; mais s'il eût attenté à la vie du Dauphin, il eût apparemment expié son crime d'une autre manière et par un supplice plus rigoureux. » Roué, notre Cartouche batave aurait été un assassin ; pendu, ce n'est qu'un agitateur malchanceux, un patriote des Provinces-Unies qui voulait attirer, suivant les règles élémentaires de la stratégie, Louis XIV sur un front secondaire et le détourner du champ de bataille hollandais.

Mais quel étrange personnage, mélange bizarre avant l'heure de Proudhon et de Mandrin, anarchiste au pays de l'ordre, révolutionnaire dans le temple du capitalisme, nationaliste au point de jouer les agents secrets chez l'ennemi, écrivain, intellectuel, paillard et religieux ! Quelles furent les « affinités électives » entre le maître et l'élève ? Quelles impressions retira Spinoza, lui si effacé et si réfléchi, de ses discussions avec cette « boule de vie » ? De quelle pédagogie le latin a-t-il été le prétexte ? Van den Enden a mis son talent dans sa vie, Spinoza dans son œuvre. Que pouvaient-ils se dire ? Suivant une règle classique de comportement, le second se taira d'autant plus sur l'ascendant du premier que celui-ci aura été décisif.

Ce n'est sans doute pas un hasard si la seule passion féminine connue de Spinoza naît dans la proximité de Van den Enden. Liberté de l'esprit, liberté des sentiments, liberté des mœurs, telle aurait pu être la devise de la « maison Van den Enden ». Baruch ne sera guère officiellement un homme à femmes. La légende veut en effet qu'il ait sacrifié l'amour à la vérité. Telle est, en tout cas, la version de Lucas : « Encore que notre philosophe ne fut pas de ces gens sévères qui considèrent le mariage comme un empêchement aux exercices de l'esprit, il ne s'y engagea pourtant pas, soit qu'il craignît la mauvaise humeur d'une femme, soit qu'il se fût donné tout entier à la philosophie et à l'amour de la vérité. » Personne ne peut attribuer une compagne, une maîtresse, une passade à Spinoza adulte.

Ne demeure donc, pour tout épisode sentimental classique, que la fille de Van den Enden : cela ne suffit pas à bâtir une vie à l'eau de rose. « Van den Enden, rapporte à nouveau Colerus, avait une fille unique qui possédait elle-même la langue latine si parfaitement, aussi bien que la musique, qu'elle était capable d'instruire les écoliers de son père en son absence, et de leur donner leçon. Comme Spinoza avait l'occasion de la voir et de lui parler très souvent, il en devint amoureux ; et il a souvent avoué qu'il avait eu dessein de l'épouser. Ce n'est pas qu'elle fût des plus belles, ni des mieux faites ; mais elle avait beaucoup d'esprit, de capacité et d'enjouement ; ce qui avait touché le cœur de Spinoza, aussi bien que d'un autre disciple de Van den Enden, nommé Vierkering, natif de Hambourg. Celui-ci s'aperçut bientôt qu'il avait un rival et ne manqua pas d'en devenir jaloux ; ce qui l'obligea à redoubler ses soins et ses assiduités auprès de sa maîtresse. Il le fit avec succès, quoique le présent qu'il avait fait auparavant à cette fille d'un collier de perles de la valeur de deux ou trois cents pistoles contribuât sans doute à gagner ses bonnes grâces. Elle les lui accorda et lui promit de l'épouser ; ce qu'elle exécuta fidèlement après que le sieur Vierkering eut abjuré la religion luthérienne, dont il faisait profession, et embrassé la catholique. »

Spinoza, adolescent, amoureux d'une fille, qui plus est, laide ; Spinoza éconduit ; Spinoza jaloux ; Spinoza déprimé. Qui l'eût cru ? Nous sommes en apparence à mille lieues de l'*Éthique*. Et pourtant comment expliquer le dérapage de la proposition 35 (livre III) : « Qui, en effet, imagine une femme qu'il aime se prostituant à un autre, non seulement sera triste de ce que son propre appétit se trouve contrarié ; mais aussi parce qu'il est forcé de joindre l'image de la chose aimée aux parties honteuses et aux excréments de l'autre [*sic*], il l'a en aversion... » Quelle aubaine pour un psychanalyste en herbe ! Le sexe assumé comme appétit ; la pulsion anale vécue avec verdeur ; la jalousie, en un mot, à l'état le plus brut. Quand Spinoza souffre comme mâle, il ne l'exprime pas dans le style des amours précieuses de l'époque. La philosophie ne suffit pas à masquer la violence sexuelle et les fantasmes scatologiques. Quel remue-ménage inattendu, derrière l'âme policée de l'intellectuel ! Difficile, après de tels mots, d'imaginer Spinoza s'imposant, à la suite de cet échec, une vie de moine par goût de la vérité. On le voit davantage fréquentant les lupanars, au rythme des exigences de son « appétit », avant de se remettre à l'ouvrage et de retrouver les plaisirs de l'éther philosophique.

L'épisode Van den Enden aura été une formidable leçon de liberté. Intellectuelle, affective, morale. Pour sa première sortie du monde juif, Baruch a bien choisi : un anticonformiste, un anarchiste, un libertaire. Il en restera marqué à jamais.

À côté de Van den Enden le volcanique, apparaît une autre référence : Juan de Prado, le spiritualiste. Spinoza n'a pas manqué de maîtres sur le chemin de l'hérésie. C'est un paradoxe difficile pour nous à imaginer : celui qui est devenu le maître des maîtres, le philosophe des philosophes, s'est lui aussi formé ! Son ascendant n'est pas une grâce de la Providence, son système une construction sortie tout armée de son cerveau, son émancipation du judaïsme un choc brutal à l'instar d'un Claudel pétrifié par la foi derrière son pilier à Notre-Dame : il a appris, imité, mimé, révéré. Rien n'est d'ailleurs plus rassurant. Avec Prado, c'est une préfiguration de son propre itinéraire que rencontre Baruch, bien davantage que ne pouvait le représenter da Costa.

L'homme n'est pas, comme Spinoza, un marrane de la « deuxième génération », un enfant, *mutatis mutandis*, du « droit du sol ». Lui est né, vers 1614, en Espagne ; il y fit ses études, élève sage et discret, au point de recevoir en 1638 le diplôme de docteur en médecine à l'université de Tolède. Fallait-il qu'il simulât avec soin les gestes de la foi catholique pour suivre, sans entrave, un cursus aussi respectable ! C'était pourtant un marrane militant qui essayait de ramener au judaïsme, malgré les risques, les nouveaux chrétiens. Mais de guerre lasse il finit, lui aussi, par émigrer pour la Nouvelle Jérusalem, où il se convertit officiellement au judaïsme. Commence alors un itinéraire intellectuel qui va conduire Prado, à peine revenu au judaïsme, à s'en éloigner. C'est la rigidité de la

Loi qui paraît insupportable à cet esprit modelé par la ductilité plus grande du catholicisme. Dans la yeshiva, Prado soulève des difficultés au nom de principes philosophiques et refuse d'accepter l'exégèse juive traditionnelle : les jeunes étudiants assistent à ses passes d'armes contre les rabbins, avec, au premier rang des élèves, Baruch. Celui-ci est loin d'être, à ce moment-là, perçu comme un contestataire, puisque le 5 décembre 1655, donc au plus fort du conflit entre Prado et la synagogue, il est encore inscrit dans le livre des offrandes de la communauté pour un don de six florins.

Comme pour Uriel da Costa, les chefs de la communauté s'émeuvent. Une nouvelle brebis égarée à faire rentrer au bercail ! Prado est, lui aussi, condamné à faire amende honorable, mais sans doute instruites par le drame da Costa, les autorités se contentent d'une humiliation intellectuelle, sans châtiment corporel. Voilà le docteur Juan de Prado à la *thebah* — la tribune de la synagogue — obligé de venir à résipiscence : « Pour avoir eu de mauvaises opinions et avoir montré peu de zèle pour le service de Dieu et sa Sainte Loi, je monte à cette thebah sur l'ordre des Messieurs du Mahamad et, de ma libre volonté, je confesse devant le Dieu béni et sa Sainte Loi, devant toute cette Sainte Communauté, que j'ai péché et fauté, aussi bien en paroles qu'en actes, contre le Dieu béni et sa Sainte Loi, scandalisant cette Sainte Communauté : je m'en repens fortement et je demande humblement pardon au Dieu béni et à sa Sainte Loi et à toute cette Sainte Communauté pour le scandale que je lui ai donné, en m'obligeant à exécuter la pénitence que Messieurs les Rabbins m'ont ordonnée : je promets de ne plus retomber dans de tels ni de semblables délits. Je vous prie de demander au Seigneur du Monde qu'il me pardonne mes péchés et qu'il use de miséricorde envers moi. »

Certes, Prado sera à son tour excommunié le 14 février 1657 : « Étant donné que Juan de Prado a été convaincu par divers témoins devant les Messieurs du Mahamad et Messieurs les Rabbins d'avoir récidivé avec grand scandale, d'avoir à nouveau voulu séduire différentes personnes avec ses détestables opinions contre notre Sainte Loi, lesdits Messieurs du Mahamad, avec l'avis de Messieurs les Rabbins, décidèrent à l'unanimité que ledit Juan de Prado serait mis en herem et écarté de la Nation ; sous peine du même herem ils ordonnent qu'aucun membre de cette Sainte Communauté ne communique avec lui ni verbalement ni par écrit, ni dans cette ville, ni hors d'elle, à l'exception des personnes de sa famille. Que Dieu écarte le malheur de son peuple et paix sur Israël. » Comparée à l'excommunication de Spinoza, cette sentence-là a la douceur d'une révocation de fonctionnaire. On y compte les voix, comme dans un conseil de discipline et la proscription ne s'accompagne d'aucun anathème. Prado a-t-il bénéficié d'une « condamnation avec sursis », en contrepartie de son acte de repentance ? De toute façon, quand il finit par être exclu de la communauté, la rupture de Spinoza avec le judaïsme a été consommée. Son destin n'a plus aucune influence sur celui de Baruch.

Ces années-là, 1654, 1655, 1656, sont en effet pour Spinoza celles d'un cheminement et donc d'un éloignement. Il se repaît alors de toutes les hérésies. « Côté juif », il a l'exemple antinomique de da Costa et de Prado, et il peut méditer les avantages et les inconvénients du compromis. « Côté libertaire », il sent sur sa nuque le souffle de Van den Enden, ce « Descartes du pauvre ». A-t-il rencontré, à cette époque, le vrai Descartes ? Nul ne le sait et, de toute façon, même s'ils se sont croisés, le jeune Spinoza et le gargantuesque Français n'ont certainement pas eu ce dialogue dont rêvent tous les apprentis philosophes. Plus tard, Baruch réglera, sous couvert de révérence, son compte à celui avec lequel il se bat pour s'approprier la Raison. « Côté catholique » enfin, notre jeune homme est entraîné dans la ronde des collégiants.

Qui sont-ils ces maîtres ès subversions ? Forment-ils une secte parmi d'autres, un club pour intellectuels dissidents, une organisation religieusement contestataire, ces collégiants qui, à partir de septembre 1650, se réunissaient un dimanche sur deux, afin de lire et d'expliquer librement quelques passages des Écritures ? Le consistoire, en tout cas, s'en inquiète au point de demander au bourgmestre d'interdire les rassemblements de ces « nouveaux dissidents ». Convoqués à l'hôtel de ville, les dirigeants du groupe qui ont jusqu'alors pignon sur rue acceptent de soumettre leurs réunions à l'« autorisation de Leurs Seigneuries ». La courtoisie règne : ce n'est pas la croisade des Albigeois dans une version hollandaise. Étrange creuset où se croisent un teinturier, un médecin anabaptiste, un théologien alchimiste, entourés de jeunes disciples, d'admirateurs, d'auditeurs de toutes religions, dont Spinoza. On enseigne dans ces réunions, mélange d'agapes et de dialogues socratiques, la tolérance, le scepticisme à l'égard des religions trop rigides, le refus du dogmatisme, le tout au nom d'un vague déisme derrière lequel se profile, en pointillés, un athéisme inavoué proche de celui à venir de Baruch.

Ce sont les protestants qui se braquent le plus violemment contre ces hérétiques aux convictions insaisissables : ils prient, en 1653, les « Nobles et Puissants Seigneurs des États de la Hollande et de la Frise-Occidentale, de bien vouloir contrecarrer ces renards et les empêcher de nuire, eux qui corrompent les vignobles, et de délivrer l'Église du danger de séduction ». Les États promulguent, en réponse, un édit qui menace de bannissement les « blasphémateurs du Saint Nom de Dieu et perturbateurs de la paix publique » et leur promet, en cas de récidive, d'être « punis et corrigés selon les exigences de l'affaire ». Le sabre de bois en lieu et place du bûcher de l'Inquisition. Les collégiants n'en ont naturellement cure ; les réunions se poursuivent, toujours plus fréquentées, dans des maisons privées et surtout dans la sacristie de la communauté anabaptiste, lieu plus respectable et moins facile à violer pour les argousins de la maréchaussée.

Quelle part peut prendre au débat Spinoza, jeune homme certes doué mais âgé seulement de vingt-deux ans ? « Il avait, est-il dit, dans ses conversations un aspect si engageant et se servait de comparaisons si pertinentes, qu'il amenait tout le monde, même inconsciemment, à ses vues. Il parlait de façon convaincante, bien qu'il ne visât ni à être poli ni à employer des paroles élégantes. Il était si compréhensible et son entretien était à tel point rempli de bon sens que personne ne le quittait insatisfait. » Chez les collégiants, point le Spinoza maître d'une future école de pensée. C'est là qu'il noue des amitiés qui l'accompagneront ultérieurement dans son exil : les frères de Vries ; Pieter Balling ; Jarrig Jelles et surtout le libraire Jan Rieuwertsz qui, à l'enseigne du Livre des Martyrs, publie tout ce qui se veut marginal à Amsterdam, des traductions de Descartes à Spinoza lui-même. Son échoppe sert de café littéraire, de club libéral, de

« cellule » militante, et Baruch le fréquentera. Entre ceux qui se veulent en rupture avec le christianisme classique et celui qui ne supporte plus le carcan du judaïsme hollandais, l'osmose est parfaite.

Ce n'est plus en effet un adolescent avide de discussions sans fin qui fréquente cet univers libéral ; c'est un homme responsable et même un marchand. Le 19 mars 1654, Michael de Spinoza est enterré au cimetière juif d'Ouderkerk sur l'Amstel. Fils aîné, Baruch lui succède. Le voilà en charge de la maison de commerce « Bento et Gabriel de Spinoza », spécialisée dans le négoce de l'huile et des fruits secs en provenance d'Espagne et des îles Canaries. Un temps prospère, l'entreprise s'est dégradée, et à la mort de Michael, elle est accablée de dettes. Il reste à notre philosophe à encaisser les créances irrécouvrées — il le fait, nous le savons, mal —, à liquider les stocks, à réduire le fonds de roulement, à étaler la charge de la dette et à desserrer, peu à peu, l'étau des créanciers. Un intellectuel prend-il plaisir à cette tâche ingrate et méticuleuse ? Rarement. Sans doute Baruch n'a-t-il pas échappé à cette règle, mais, sens du devoir oblige, il a tenu le rôle jusqu'à la liquidation définitive de l'héritage en mars 1656.

Chef de famille, Spinoza devient de ce simple fait *yahid*, c'est-à-dire membre de la communauté : à ce titre, contribuable, il figurera pendant deux ans dans le registre financier de la synagogue. Il s'acquitte au départ de l'impôt communautaire sans protester. Dès le 18 avril 1654, à peine un mois après la disparition de son père, il verse la première moitié de sa *fista*, c'est-à-dire la contribution personnelle fixée par le Mahamad en fonction de la fortune de chaque membre. Pour lui, l'impôt est de dix florins, ce qui correspond à un niveau confortable de fortune : cinq sont donc versés, à cette date, à la synagogue. Le 13 septembre 1654, il offre cinq autres florins pour les « pauvres du Brésil », c'est-à-dire les rapatriés du Pernambouc, province brésilienne dont la réoccupation par les Portugais a entraîné l'extinction de la communauté juive établie sous la domination hollandaise : premiers pas de cette philanthropie, si typique du judaïsme, de la part des juifs riches vers les juifs nécessiteux. Spinoza, en avant-garde, parmi d'autres, des Rothschild. Le même jour, notre futur philosophe est inscrit dans le registre pour la seconde moitié de sa *fista* (cinq florins) à laquelle s'ajoutent onze florins huit stuivers au titre des *promessas*, c'est-à-dire des offrandes promises à l'occasion des cérémonies religieuses, et seize florins seize stuivers d'*imposta* — la taxe parafiscale sur les marchandises importées ou exportées.

Susceptible de verser, sans rechigner, de tels montants, Spinoza est un bourgeois actif de la communauté : ses affaires marchent décemment et il n'éprouve aucune réticence à financer une Église qu'il va renier dix-huit mois plus tard. Est-il hypocrite, duplice ou schizophrène, contestataire chez les collégiants, mais fidèle à la synagogue ? Ou pis, indifférent ? Certes, le 11 avril 1655, Baruch n'est plus inscrit que pour six florins au titre de l'*imposta*, ce qui mesure la diminution de son chiffre d'affaires commercial mais, en revanche, ses *promessas* qui, elles, témoignent en principe de son zèle religieux atteignent la somme élevée de quarante-trois florins deux stuivers. Les ressources de Spinoza s'étiolent, son cheminement vers l'hérésie s'accélère et pourtant il se comporte comme un militant de plus en plus engagé dans la communauté. Bizarre, bizarre... Le 8 mai et le 4 octobre 1655, Spinoza verse sa *fista* de cinq florins, mais ses *promessas* tombent à quatre florins quatorze stuivers : le « business » devient-il plus difficile ou le zèle communautaire commence-t-il à s'effilocher sérieusement ? Au titre du semestre qui se termine le 29 mars 1656, Baruch ne figure plus dans le registre que pour la somme modique de douze stuivers, destinée à couvrir le denier du culte — la *promessa.* Hasard ou intention, Prado est inscrit pour le même montant, comme si les deux opposants s'étaient donné le mot en témoignant d'une solidarité a minima vis-à-vis de la communauté. Spinoza ne versera jamais cette somme.

Derrière cette ronde des impôts et dons, se glisse la silhouette inattendue d'un Spinoza bourgeois, conformiste et aisé, devenant au fil des mois de moins en moins conformiste et de moins en moins aisé. L'argent, comme étalon de mesure du conformisme : rien n'est, au fond, plus naturel. Il est à l'évidence tiraillé, notre Baruch. Fils respectueux, il se glisse naturellement dans la position de son père, puis, le travail du deuil s'achevant, il reprend peu à peu son autonomie, s'éloignant de la synagogue, fréquentant les collégiants, construisant sa propre vie au contact des foucades de Van den Enden.

Demi-bourgeois, demi-dissident, Spinoza n'est pas un matamore. Fluet, fragile, il déteste la violence. L'imagine-t-on se battant à mains nues ou tirant l'épée dans un duel ? C'est cet homme-là, diaphane et plutôt pusillanime, qui est l'objet d'un attentat, acte plutôt rare à cette époque pourtant violente. Le voilà poignardé, rejoignant la cohorte glorieuse, à travers les siècles, des survivants aux attentats. Il en est traumatisé à vie, à en croire le récit de Colerus : « Monsieur Bayle rapporte en outre qu'il lui arriva un jour d'être attaqué par un Juif au sortir de la Comédie, qu'il en reçut un coup de couteau au visage et quoique la plaie ne fût pas dangereuse, Spinoza voyait pourtant que le dessein du Juif avait été de le tuer. Mais l'Hôte de Spinoza, aussi bien que sa femme qui tous deux vivent encore m'ont rapporté ce fait tout autrement. Ils le tiennent de la bouche de Spinoza même, qui leur a souvent raconté qu'un soir sortant de la vieille Synagogue portugaise il vit quelqu'un auprès de lui le poignard à la main, ce qui l'ayant obligé à se tenir sur ses gardes et à s'écarter, il évita le coup qui porta seulement dans ses habits. Il gardait encore le justaucorps percé du coup, en mémoire de cet événement. »

Véritable saint suaire du spinozisme, c'est, comme le veut la tradition, ce manteau qui serait aujourd'hui exposé dans le musée de la Grande Synagogue d'Amsterdam. Étrange fétichisme vis-à-vis du pape de la raison ! Mais le premier des fétichistes, c'est lui. Quelle dose de narcissisme, d'introversion ne faut-il pas pour garder, une vie durant, une loque ensanglantée ? Quelle étrange pulsion ! Spinoza manifeste-t-il ainsi une tendance prononcée, presque hypocondriaque, à s'apitoyer sur lui-même ? Veut-il garder un emblème de la haine des juifs à son égard, afin de justifier à ses yeux la rupture ? S'aime-t-il de la manière la plus banale ? Derrière ce geste étrange, quel bonheur pour nous de toucher les limites psychologiques d'un génie ! Rien n'est plus rassurant. Mais dans les rues d'Amsterdam, une tentative d'assassinat pour un motif autre que le vol n'est pas banale, comme elle ne l'est guère, en principe, dans la tradition juive. Spinoza le contestataire y gagne en authenticité. Voilà qui pose un statut : une estafilade devenue, à elle seule, une chanson de geste.

Du coup de poignard d'Amsterdam à l'assassinat d'Yitzhak Rabin, c'est toute une généalogie de la violence juive qui se fait jour. Avec son extrême, sa démesure, son agressivité. Avec sa dimension sacrilège au regard de la tradition. Avec sa manière de témoigner du malaise de la communauté devant ses déviants. Rabin, par symétrie, héritier lointain de Spinoza au nom d'une autre filiation juive : la raison. Ce n'est pas la pire injure.

Revenons à Baruch en cette année 1656 : le coup de poignard renforce sans doute sa détermination. Puisque les siens veulent faire de lui un paria, autant assumer sa situation. Paria pour paria, qu'importe finalement l'excommunication ? Ce peut être une provocation ou une renaissance. Son choix est donc fait : ce sera l'une et l'autre.

IV

LE *HEREM*

Peu après la naissance de l'État d'Israël, David Ben Gourion demanda aux grands rabbins de lever l'excommunication de Spinoza, prononcée près de trois siècles plus tôt. Sans doute le père de l'État juif poussait-il le sionisme jusqu'à obtenir des grandes figures une « Allia[1] post mortem ». Les religieux acceptèrent de se livrer à un deuxième procès de Baruch et ils confirmèrent la sentence. Fallait-il que celui-ci eût péché pour refuser une recrue aussi prestigieuse ! La violence de la rupture ne pouvait certes que laisser des traces.

Courant de chez Van den Enden jusqu'aux réunions des collégiants, s'occupant pendant de trop rares moments du commerce familial au risque de le laisser péricliter, Spinoza, un temps le meilleur élève de Talmud Tora, devient de plus en plus ombrageux à l'égard de la synagogue. Mais celle-ci n'est pas une institution monolithique, quasi totalitaire, qui fera immédiatement corps contre le jeune hérétique. Des tendances s'y manifestent, avec derrière elles, comme il se doit, des enjeux de pouvoirs auxquels l'excommunication de Spinoza

1. Émigration vers la Terre promise.

donnera l'occasion de se cristalliser. Dans cette pièce, la partition libérale est tenue par Menasseh ben Israël. Rien de plus naturel : ce n'est pas un obsédé du Talmud et de la scolastique. Imprimeur et marchand depuis 1626, il exerce, nous le savons, un magistère qui déborde la seule communauté juive. Et il n'hésite pas, face à une difficulté temporaire, à s'associer à un éditeur non juif d'Amsterdam, à lui laisser une fraction de son capital et à faire travailler, de concert, typographes juifs et non juifs — un véritable sacrilège ! Intellectuel, il force la reconnaissance du monde chrétien avec la publication à partir de 1632 de son *Conciliador* qui s'attache à démontrer que les Écritures ne présentent entre elles aucune contradiction. Homme d'influence, « clone juif » d'Érasme, il lui reviendra même d'aller négocier avec Cromwell le droit pour les juifs de revenir en Angleterre.

Ben Israël pratique en fait une « défense élastique » de la communauté. Il s'élève contre les « amis des nouveautés », s'acharne à démontrer que les apparentes contradictions de la Bible ne sont que des obscurcissements volontaires de Dieu, de manière à susciter une lecture toujours plus vivante des textes sacrés. Habile, presque trop habile : il y a du jésuite juif chez cet homme-là. Ainsi présente-t-il le judaïsme sous son aspect le plus spirituel et donc le plus ouvert. À ceux qui trouvent que les six cent treize préceptes de la Loi sont bien lourds, il offre sans barguigner une incroyable échappatoire : « Parce que le poids des six cent treize préceptes semble excessif et trop pesant à certains, il m'a paru opportun de faire les remarques suivantes. Ces nombreux préceptes sont répartis en divers domaines. Il en est qui ne concernent que les prêtres, d'autres les lévites, d'autres le sénat suprême d'Israël, d'autres les rois, d'autres les lépreux et les impurs... Il faut également savoir que ces préceptes sont diversement contraignants. Tous ne s'observent pas en permanence ; ainsi la circoncision. Suivant ce que nous avons exposé, il reste seulement quelques principes généraux que l'on peut répartir en trois classes, l'éthique, l'économie domestique et la politique. » Quant à cette dernière, elle se réduit, par un tour de passe-passe de notre jésuite juif, au précepte du Lévitique : « Tu aimeras ton prochain, comme toi-même. » Avec ben Israël à la tête de la Nation portugaise, Spinoza serait encore juif !

Mais à l'autre extrême du spectre, règne, du côté intégriste, Abraham Pereyra. Il pratique le prosélytisme des convertis de fraîche date. Élevé en Espagne dans la tradition catholique, il en a gardé le rigorisme : l'obsession du péché, la hantise de la souillure, l'angoisse du salut. Poursuivi par l'Inquisition, il a été marqué au point de devenir, à son tour, grand inquisiteur, mais cette fois-ci au sein de la communauté juive. C'est le pur marrane : catholique de réflexe, hispanique de tradition, juif de conviction, orthodoxe de tempérament. Pour lui, l'enfer attend ceux qui ne vivent pas dans la crainte du péché. À ses yeux, des esprits comme Prado et désormais Spinoza appartiennent à la « secte impie de Machiavel » qui veut séparer la théologie de la politique. Vis-à-vis de tels déviants, il n'existe qu'une seule réponse : l'excommunication, afin de purifier la communauté, et donc de la protéger.

À mi-distance, donc d'obédience « centriste », se situe le rabbin Morteira. C'est son changement d'attitude à l'égard de Baruch, le passage brutal de l'affection paternelle à une haine viscérale, qui rendra possible le *herem*. Morteira est un polémiste qui s'est fixé une mission :

démontrer la perfection du judaïsme, seule explication plausible de sa survie, face à la « multiplicité des religions et sectes chrétiennes ». Ainsi loue-t-il les réformés de s'être attaqués à l'idolâtrie catholique, avant de s'en prendre à son tour à Calvin. Morteira n'est pas, pour autant, un rabbin austère et borné : il se veut le propagandiste d'une religion heureuse, voire gaie, qui proscrit la mortification. Dans sa philosophie, c'est la joie qui unit Dieu à l'homme, ce qui sur ce point le rapproche de Spinoza.

Au départ, sa connivence avec Baruch va bien au-delà. Pédagogue et prosélyte, il investit sur le meilleur élève de la classe, à en croire Lucas : « Cependant, Morteira, homme célèbre parmi les juifs, et le moins ignorant de tous les rabbins de son temps, admirait la conduite et le génie de son disciple. Il ne pouvait comprendre qu'un jeune homme fût si modeste avec tant de pénétration. Pour le connaître à fond, il l'éprouva en toute manière et avoua depuis que jamais il n'avait rien trouvé à redire, tant en ses mœurs qu'en la beauté de son esprit. » Tout baigne. L'élève n'a que des vertus : « L'approbation de Morteira augmentant la bonne opinion qu'on avait de son disciple ne lui donnait point de vanité. Tout jeune qu'il était, par une prudence avancée, il faisait peu de fond sur l'amitié et sur les louanges des hommes. » Le maître semble avoir enfin trouvé un héritier à sa mesure : avec un tel fils, la communauté a le chef religieux de rechange dont elle aura un jour besoin.

Mais soudainement la complicité disparaît, l'affection s'efface, les connivences s'étiolent : le fils prodige devient un fils rebelle. Pour résumer cette lente dégradation, Lucas utilise une métaphore. Voilà Spinoza interpellé par deux amis qui l'exhortent, au nom de leur familiarité, à leur avouer ses pensées les plus intimes, et le poussent à répondre à des questions aussi provocatrices que « Dieu a-t-il un corps ? Y a-t-il des anges ? L'âme est-elle immortelle ? » De guerre lasse, Baruch se laisse entraîner sur ce terrain et en arrive, toujours selon Lucas, à proférer que « pour ce qui est de l'âme, partant où l'Écriture en parle, ce mot d'âme se prend simplement pour exprimer la vie, ou pour tout ce qui est vivant. Il serait inutile d'y chercher de quoi appuyer son immortalité ». Les mots sacrilèges ont été prononcés, mais, toujours selon le même conte en forme d'anecdote, méfiant, Spinoza n'a de cesse de briser avec ses deux amis qui décident de se venger et publient que « c'était un abus de croire que ce jeune homme pût devenir un jour un des Piliers de la Synagogue, qu'il y avait plus d'apparence qu'il n'en serait que le Destructeur, n'ayant que haine et que mépris pour la loi de Moïse ; qu'ils l'avaient fréquenté sur le témoignage de Morteira, mais qu'enfin ils avaient reconnu dans sa conversation que c'était un véritable impie, que ce rabbin, tout habile qu'il l'était, avait tort et se trompait lourdement s'il en avait une aussi bonne idée, et qu'enfin son abord leur faisait horreur ». La parabole montre comment certains, au sein de la communauté, ont voulu mettre la pression sur Morteira, soit parce qu'ils étaient sincèrement choqués, soit pour l'affaiblir dans une bataille de pouvoirs.

Les faux amis continuent de jouer les procureurs, affirmant qu'ils avaient ouï Spinoza « se moquer des juifs, comme de gens superstitieux, nés et élevés dans l'ignorance, qui ne savent ce que c'est que Dieu et qui néanmoins ont l'audace de se dire son Peuple, au mépris des autres nations. Que pour la Loi, elle avait été instituée par un Homme plus adroit qu'eux, à la vérité, en matière de Politique ; mais qui n'était guère plus éclairé dans la Physique ni même dans la Théologie ; qu'avec une once de bon sens on en pouvait découvrir l'imposture, et qu'il fallait être aussi stupides que les Hébreux, du temps de Moïse, pour s'en rapporter à ce galant homme ». L'accusation d'athéisme est violente, même si le mot, encore inconnu à l'époque, n'est pas employé. Anathème, crie en revanche l'opinion publique.

Morteira, averti du danger dans lequel se trouvait son élève, court à la synagogue, prend place parmi les juges et demande à Baruch « s'il avait oublié les bons exemples qu'il lui avait donnés. Si sa révolte était le fait du soin qu'il avait pris de son éducation ? Et s'il ne craignait pas de tomber entre les mains du Dieu vivant ? Que le scandale était déjà grand mais qu'il y avait lieu à la repentance ». Insolent, Baruch est censé lui avoir répondu qu'« il connaissait le poids de la menace et qu'en revanche de la peine qu'il avait prise de lui apprendre la langue hébraïque, il voulait bien lui enseigner la manière d'excommunier ». Furieux, Morteira est néanmoins convaincu que son disciple va se soumettre, mais « s'il était bien informé de la beauté de son esprit, il ne l'était pas de sa force ». Le récit de Lucas reprend-il une tradition orale relative à l'excommunication de Spinoza ? Se présente-t-il délibérément comme une fable ? Le piège des deux amis a-t-il la moindre vraisemblance ? Il a, en tout cas, le mérite de mettre en scène les acteurs du drame : un Spinoza qui affirme benoîtement son incrédulité, formulant en termes galants des propositions de plus en plus impies ; un entourage atterré de voir, de la sorte, déraper le jeune prodige de la communauté ; un maître convaincu que son ascendant suffira à ramener la brebis égarée dans le troupeau des fidèles ; un malaise général de voir cette fois-ci non un marginal quelconque, un da Costa ou un Prado, prôner l'hérésie, mais le fils d'un des chefs les plus estimés de la Nation portugaise, le meilleur élève de Talmud Tora, un jeune commerçant, fidèle contribuable et esprit supérieur.

Chez les exégètes de Spinoza, la tentation est grande de pratiquer une écriture rétrospective de l'histoire, et d'imaginer un procès où Baruch aurait défendu les thèses du *Traité théologico-politique*, voire de l'*Éthique*, comme s'il portait dès cette époque en lui toute sa *Weltanschauung*. Les choses semblent s'être passées de manière plus simple et plus banale : même si le cas Spinoza est plus délicat pour le Mahamad que l'affaire Prado, il ne s'agit, à la fin des fins, que d'éloigner un jeune bourgeois déviant, un soixante-huitard avant l'heure. Il aurait fallu une sacrée dose de prémonition aux chefs de la communauté pour imaginer que le judaïsme allait perdre non le « roi des juifs », mais le roi des philosophes.

Vue par Colerus, le Las Cases du spinozisme, l'affaire prend une allure plus banale. Ce serait la lecture de Descartes qui aurait enseigné à Spinoza qu'« on ne doit jamais rien recevoir pour véritable qui n'ait été auparavant prouvé par de bonnes et solides raisons ». De ce postulat, il aurait « tiré cette conséquence que la doctrine et les principes ridicules des rabbins juifs ne pouvaient être admis par un homme de bon sens. Puisque ces principes sont établis uniquement sur l'autorité des rabbins mêmes, sans que ce qu'ils enseignent vienne de Dieu, comme ils le prétendent à la vérité, mais sans fondement et sans la moindre apparence de raison. Il fut dès lors réservé avec les docteurs juifs, dont il évita le commerce autant qu'il lui fut possible, on le vit rarement dans leurs synagogues où il ne se trouvait que par manière d'acquit, ce qui les irrita extrêmement contre lui ». C'est le même Colerus qui se fait l'écho du récit qu'aurait tenu ultérieurement Spinoza à son logeur Van der Spyck à propos de la proposition que lui auraient faite les rabbins : une rente de mille florins, c'est-à-dire une somme considérable — souvenons-nous du montant de son denier du culte le plus élevé, une quarantaine de florins —, afin de rentrer dans le rang et de se faire voir « de temps en temps » à la synagogue, mais Baruch aurait ajouté que « quand ils lui eussent offert dix fois autant, il n'eût pas accepté leurs offres, ni fréquenté leurs assemblées par un semblable motif, parce qu'il n'était pas hypocrite et qu'il ne recherchait que la vérité ».

Étrange épisode qui n'est connu que par le récit du logeur repris par François Halma dans sa *Vie de Spinoza* et retranscrit par Colerus. S'il était avéré, il traduirait de la part des autorités religieuses une bien piètre opinion de Baruch en l'imaginant susceptible de venir, pour de l'argent, à Canossa : acheter la renonciation à l'hérésie, c'est faire bien peu de cas de ses mobiles, c'est n'y voir qu'une foucade. Rien ne mesure mieux la bonne conscience des chefs de la communauté. Imagine-t-on Luther acceptant une pension de la part de Charles Quint et renonçant à la Réforme ? Si l'anecdote a été inventée a posteriori par Spinoza, ce serait l'expression, parmi tant d'autres, de son antijudaïsme, une fois l'excommunication accomplie. Mais à l'inverse, malgré sa maladresse, la démarche témoignerait de l'intuition que les docteurs de la foi auraient eue du génie de Spinoza. Dans l'Amsterdam berceau du capitalisme, où l'argent devient le seul maître étalon, mille florins pour amener à résipiscence une « mauvaise tête », c'est la situer bien haut sur l'échelle des valeurs.

Baruch n'est pas, en tout cas, homme à se faire acheter. Les dés roulent donc, avec en ligne de mire le *herem*. Est-ce le souvenir d'Uriel da Costa ou un sentiment d'humiliation par procuration d'avoir vu son ami Prado abjurer ? Lui ne fait aucune concession. Il prend même, à en croire Lucas, la nouvelle avec sérénité, voire avec jubilation : « À la bonne heure, dit-il à celui qui lui en apporta la nouvelle, on ne me force à rien que je n'eusse fait de moi-même, si je n'avais craint le scandale. Mais, puisqu'on le veut de la sorte, j'entre avec joie dans le chemin qui m'est ouvert, avec cette consolation que ma sortie sera plus innocente que ne le fut celle des premiers Hébreux hors d'Égypte, quoique ma subsistance ne soit pas mieux fondée que la leur. Je n'emporte rien à personne, et quelque injustice que l'on me fasse, je puis me vanter que l'on n'a rien à me reprocher. » Comparer sa propre excommunication à la sortie d'Égypte, c'est ajouter le blasphème au blasphème.

Ce n'est donc un Baruch ni meurtri, ni repentant, ni gêné, ni humilié, qui se rend le 27 juillet 1656 dans la synagogue portugaise d'Amsterdam. Il a alors vingt-quatre ans ; il est à mi-vie et va vivre l'événement qui fera de lui Spinoza. Serait-il demeuré à la marge de la communauté, mi-hérétique, mi-fidèle, qu'il n'aurait pas pu connaître un tel processus d'émancipation intellectuelle. Il lui fallait à coup sûr larguer les amarres. Inconsciemment il ne pouvait que le savoir pour s'être refusé avec autant d'ostentation et d'ironie au moindre compromis. Son tempérament prudent, voire peureux, dont témoigneront plus tard son goût de l'esquive et son art du camouflage, aurait dû le conduire à accepter un minimum d'apaisement et d'hypocrisie. S'il ne l'a pas fait, s'il est allé à rebours de ses réflexes de retenue et de dissimulation, c'est à l'évidence parce qu'il éprouvait le besoin viscéral et intellectuel d'une rupture. À la différence des conflits précédents qui avaient vu les positions les plus extrêmes prendre le dessus dans la communauté, la possibilité du compromis existait dans l'« affaire Spinoza ». C'est Baruch et lui seul qui s'est refusé à entrer dans cette voie.

Le voilà donc, ce jour-là, devant ses juges, non pour un procès — celui-ci a déjà eu lieu en son absence — mais pour entendre la sentence. Les représentants de la communauté sont réunis ; les bougies noires allumées, le tabernacle ouvert. Le chantre monte alors en chaire et d'une voix lugubre se met à lire :

« Les Messieurs du Mahamad vous font savoir qu'ayant eu connaissance depuis quelque temps des mauvaises opinions et de la conduite de Baruch de Spinoza, ils s'efforcèrent par différents moyens et promesses de le détourner de sa mauvaise voie. Ne pouvant porter remède à cela, recevant par contre chaque jour de plus amples informations sur les horribles hérésies qu'il pratiquait et enseignait et sur les actes monstrueux qu'il commettait et ayant de cela de nombreux témoins dignes de foi qui déposèrent et témoignèrent sur tout, en présence dudit Spinoza qui a été retenu coupable : tout cela ayant été examiné en présence de Messieurs les Rabbins, les Messieurs du Mahamad décidèrent avec l'accord des Rabbins que ledit Spinoza serait exclu et écarté de la Nation d'Israël à la suite du herem que nous prononçons maintenant en ces termes :

« À l'aide du jugement des saints et des anges, nous excluons, chassons, maudissons et exécrons Baruch de Spinoza avec le consentement de toute la sainte communauté, en présence de nos saints livres et des six cent treize commandements qui y sont enfermés. Nous formulons ce herem comme Josué le formula à l'encontre de Jéricho. Nous le maudissons comme Élie maudit les enfants et avec toutes les malédictions que l'on trouve dans la Loi. Qu'il soit maudit le jour; qu'il soit maudit la nuit; qu'il soit maudit pendant son sommeil et pendant qu'il veille. Qu'il soit maudit à son entrée et qu'il soit maudit à sa sortie. Veuille l'Éternel ne jamais lui pardonner. Veuille l'Éternel allumer contre cet homme toute Sa colère et déverser sur lui tous les maux mentionnés dans le livre de la Loi; que son nom soit effacé dans ce monde et à tout jamais et qu'il plaise à Dieu de le séparer de toutes les tribus d'Israël en l'affligeant de toutes les malédictions que contient la Loi. Et vous qui restez attachés à l'Éternel, votre Dieu, qu'Il vous conserve en vie. Sachez que vous ne devez avoir avec Spinoza aucune relation, ni écrite, ni verbale. Qu'il ne lui soit rendu aucun service et que personne ne l'approche à moins de quatre coudées. Que personne ne demeure sous le même toit que lui et que personne ne lise aucun de ses écrits. »

Que pense Baruch pendant que le chantre énonce, de sa voix de stentor, les anathèmes? Est-il tête baissée, les épaules affaissées? Ou au contraire le regard droit, la lèvre ironique, l'œil lançant mille étincelles? Ou absent, l'esprit déjà ailleurs, loin de cette communauté, indifférent à ces rites, peu sensible, son père mort, à l'idée d'être éloigné de ses sœurs et de sa famille? Ou en pleine réflexion intérieure — si Dieu n'existe pas, que vaut une excommunication? À chacun de fabriquer son Spinoza : fuyant, lointain, bravache ou sarcastique. Ou, connaissant en détail le rituel, Baruch note-t-il qu'aucun chantre n'embouche de cor, que les bougies ne sont pas renversées de manière à tomber goutte à goutte dans une cuve pleine de sang, que les fidèles ne marmonnent pas amen d'un ton furieux et qu'il n'est donc pas accusé de blasphème ? Mesure-t-il à l'inverse la violence des malédictions à son endroit ? Sait-il qu'une telle intensité dans l'anathème n'est pas monnaie courante ? Est-il suffisamment familier du *herem* pour peser toutes ces nuances ? Peut-être n'a-t-il d'ailleurs pas assisté à la cérémonie. Telle est la position de Colerus : selon lui Spinoza reçut une copie de la sentence d'excommunication à laquelle il aurait rédigé une réponse en espagnol destinée aux rabbins.

Pour les historiens spécialistes du *herem*, l'excommunication de Spinoza a une tonalité particulière. Au lieu de la sèche banalité qui serait de règle, comme s'il s'agissait d'une déclaration sur la main courante d'un commissariat, le texte est cérémonieux, marquant la volonté du Mahamad de donner un éclat particulier à cette excommunication. Ainsi le *herem* insiste-t-il sur les hérésies enseignées par Baruch et interdit-il de ne jamais lire de papier ou d'écrit de sa plume : Spinoza avait-il déjà rédigé quelques textes dont la trace se serait perdue ou, prémonition suprême, le Conseil avait-il deviné à quel animal intellectuel il avait affaire ? Qu'en est-il enfin de ces « horribles hérésies » et autres « actes monstrueux », qui supposaient que le jeune Baruch soit un esprit suffisamment fort et influent pour ébranler à lui seul les fondements de la communauté ? C'est en fait une école de pensée en pleine gestation que veut frapper la synagogue. D'Uriel da Costa à Prado et de Prado à Spinoza court une même vision de la religion ; elle postule le caractère non divin de l'Écriture sainte, la négation de la Providence, la mortalité de l'âme et l'inexistence du châtiment et des récompenses post mortem.

C'est l'athéisme qui est en marche et, à l'instar de toutes les religions institutionnelles, le judaïsme d'Amsterdam ne sait répondre que par la sanction. Le processus même de l'excommunication traduit l'ambivalence traditionnelle du judaïsme, à la fois laïc et religieux ; le *herem* est une décision des autorités laïques de la communauté, prise après simple consultation des rabbins. Elle vaut exclusion du judaïsme mais ne préjuge pas du sort de l'âme dans l'au-delà. D'après les théologiens juifs, elle s'éteint automatiquement à l'instant du décès, même si aux yeux du chef du courant intégriste, Abraham Pereyra, c'est-à-dire le rabbin qui a le plus milité pour excommunier Spinoza, « le *herem* est une maladie qui s'infiltre jusque dans les os et gagne l'âme car bien après la mort, celui qui a été touché par cette sanction ne trouve pas le repos ».

De cette dimension-là du *herem*, Spinoza n'a cure, au point d'éloignement où il en est vis-à-vis de la religion juive. Les inconvénients matériels — isolement, marginalisation, perte de ressources — sont, eux, plus lourds. C'est pourquoi, d'après Lucas, Baruch essaie de s'adapter à l'excommunication sans trop changer son mode de vie : « Monsieur de Spinoza, qui avait trouvé un asile où il se croyait à couvert des insultes des juifs, ne pensait plus qu'à s'avancer dans les sciences humaines où, avec un génie aussi excellent que le sien, il fit en fort peu de temps un progrès très considérable. »

Le coup aurait donc été mal ajusté, puisque Baruch n'a pas choisi l'exil : pour les chefs de la communauté et pour Morteira aussi vindicatif à l'égard de son disciple qu'il avait été autrefois paternel, il n'y a pas pire insulte que de le savoir à Amsterdam. Aussi, arguant de l'importance de ses péchés, ils s'en vont demander aux magistrats de le bannir de la ville. Même si le cas leur paraît contestable et l'accusation incertaine, l'ordre public exige de donner dans un affrontement de ce type l'ascendant à l'ecclésiastique de service, dans ce cas le rabbin, sur le citoyen de base. Comme le dit Lucas, « tant il est vrai que les Ecclésiastiques de quelque Religion qu'ils soient, gentils, juifs, chrétiens, mahométans, sont plus jaloux de leur autorité que de l'équité et de la vérité et qu'ils sont tous animés du même esprit de persécution ». Dans une société ouverte, les religions révélées, on l'a déjà noté, pratiquent entre elles une solidarité quasi corporative. Et, malgré leurs doutes intimes, les magistrats, toujours selon Lucas, se décidèrent à condamner Spinoza à l'exil.

Face à cette nouvelle sanction, Spinoza réagit par une provocation supplémentaire à l'égard de son ancienne communauté. Puisqu'il n'est plus juif, il n'y a plus de place pour Baruch. Baruch est mort. Vive Benedictus, c'est-à-dire Benoît ! Les deux prénoms ont bien davantage qu'une mitoyenneté de sonorités : ils veulent dire, l'un en hébreu, le chanceux, l'autre en latin, le béni. Les linguistes prétendent que le mot hébreu dérive d'une racine qui signifie à la fois bénir et s'agenouiller : d'où un halo de soumission auquel échapperait le prénom latin. C'est faire de l'analyse lexicale une forme inattendue de voyance. Voilà Spinoza seul. L'éloignement du judaïsme lui coûte-t-il ? Son rapprochement avec le christianisme correspond-il à un mouvement profond ou relève-t-il d'une simple convenance, dans cette société hollandaise où on peut être juif, protestant, catholique, anabaptiste mais non officiellement athée ?

Le bannissement est, avant d'être une question philosophique ou religieuse, une affaire matérielle. Se réclamant du décret rabbinique, ses deux sœurs remettent ainsi en cause le droit de leur frère à conserver sa part de l'héritage paternel. Rébecca, la plus acharnée, mène avec virulence ce combat : Baruch n'est plus juif ; il n'existe plus comme citoyen ; c'est un non-être ; et à ce titre il ne peut prétendre à rien. Spinoza ira pour défendre sa cause devant les tribunaux hollandais et obtiendra satisfaction. Victoire du bon sens, mais aussi victoire philosophique : la loi de l'État ne peut que l'emporter sur la loi d'une communauté qui ne représente, elle, qu'une loi privée, fût-elle d'une essence supérieure. Sorti vainqueur du procès, Benoît renonce alors à sa part d'héritage : élégance ou geste de mépris ? Ses sœurs auraient-elles accepté, de toute façon, de continuer à verser sa quote-part du faible bénéfice de l'entreprise familiale à un excommunié, donc à leurs risques et périls vis-à-vis de la Synagogue ? Nul ne le sait, mais le détail n'est pas sans importance. Dans cette hypothèse, Spinoza ne serait pas devenu polisseur de lentilles, comme le veut la légende, par besoin, mais par névrose : cela aurait semblé moins angélique, mais tellement plus intéressant sur le plan psychologique.

Vis-à-vis du judaïsme, le divorce a été moins simple que les apparences pouvaient le laisser croire. Spinoza s'est cru obligé de rédiger, en espagnol, une « Apologie pour justifier sa sortie de la Synagogue » ; elle n'a malheureusement jamais été retrouvée. Et l'antijudaïsme conceptuel de Benoît, une fois qu'il sera devenu autonome et maître à penser, ne préjuge pas de ses réactions au lendemain du *herem*. Face à cette interrogation particulièrement frustrante sur les réactions profondes de Spinoza, les spinozistes essaient tous de reconstruire le puzzle. Ainsi, au détour d'un livre de l'ex-marrane Baltasar Orobio revenu à Amsterdam sous le nom d'Isaac Orobio de Castro, livre au titre évocateur — *Epître invective contre Prado, un médecin philosophe qui doutait ou ne croyait pas à la vérité de la Divine Écriture et prétendit dissimuler sa malice en affectant de confesser Dieu et la Loi de nature* —, apparaît un « quelqu'un » dont tout laisse penser qu'il s'agit de Spinoza.

Voilà Spinoza surgissant, au hasard d'une phrase, tel un mauvais génie bondissant de sa boîte : « Tout ce misérable abîme a eu son origine dans l'ignorance d'un Médecin étudiant [c'est-à-dire Prado] auquel l'orgueil a interdit de comprendre le divin antidote de la doctrine de nos Sages et Docteurs, antiques et modernes. Et parce que *quelqu'un*, au grand scandale de notre Nation, est parvenu par ce chemin à son extrême ruine et en a infecté d'autres qui, hors du Judaïsme, ont donné crédit à sa personne et à ses niais sophismes. » Nous sommes en plein roman policier théologique : derrière le faux coupable, le vrai ! Cette lecture-là de la réalité fait la part belle à Spinoza, comme s'il était un véritable *deus ex machina*. C'est sans doute l'inverse qui s'est produit entre Spinoza et Prado. À un jeune homme de vingt-trois ans qui avait reçu une excellente éducation théologique juive, mais qui commençait à être la proie du doute, un médecin de quarante et un ans a révélé une explication du monde susceptible de mettre à mal les fondements du judaïsme et donc de pousser cet esprit en recherche dans une direction plus panthéiste.

Est-ce une approche, inspirée de Prado, que reprenait l'hypothétique *Apologie* ? Nul ne le saura et d'ailleurs le texte n'a peut-être jamais existé. Le témoignage le plus ancien que l'on possède sur ce document est celui d'un théologien hollandais, Salomon Van Til, qui prétend avoir lu l'*Apologie* et qui écrit en 1684 que Spinoza exerça ses idées subversives dans « une dissertation contre l'Ancien Testament, [...] mais sur le conseil de ses amis, il conserva cet écrit par-devers lui et entreprit d'insérer ces choses plus adroitement et plus sommairement dans un autre ouvrage qu'il publia en 1670 sous le titre *Tractatus theologico-politicus* ». C'est forts de cette assertion que les spinozistes pratiquent sans vergogne un flash-back, projetant l'antijudaïsme du philosophe en pleine maturité sur la psychologie du jeune excommunié.

Car le Spinoza du *Tractatus* n'y va pas, en 1670, avec le « dos de la cuillère » : il rationalise, conceptualise son hostilité au judaïsme et cherche, à l'évidence sans état d'âme, à aller au-devant des préjugés, en la matière, de ses lecteurs. Il porte le fer contre l'autorité divine de l'Ancien Testament, en se livrant à un examen de l'Écriture par l'Écriture elle-même, de manière à en démontrer la faiblesse. Il ne précise jamais si les juifs, coupables d'une pensée religieuse aussi fruste, sont les Hébreux, les pharisiens ou ses contemporains marranes de la Nation portugaise, ce qui l'amène à nier toute évolution historique dans le judaïsme. Parle-t-il des juifs qui bâtissent pour le pharaon ou de ceux qui, en 1670, sont en train de construire l'impériale synagogue d'Amsterdam ? Jamais il ne se livre, quand il s'agit du judaïsme, aux distinctions subtiles qu'il pratique pourtant avec soin sur tous les autres sujets.

Il entonne en revanche un discours antisémite, peu différent de celui, un siècle plus tard, de Voltaire. Un juif? Un être borné, obsédé par l'argent : « Supposons que quelque affaire leur ait été pécuniairement avantageuse, ils disent que Dieu leur a apporté de l'argent. » Un être de surcroît superstitieux : Moïse enseigna « les Hébreux comme des parents enseignent des enfants privés de raison », et rien, depuis lors, n'a changé ; le discours rationnel n'est pas accessible aux juifs, car ils sont, *dixit* Spinoza, fermés à toute philosophie. Friands de miracles, ils ne peuvent comprendre « que Dieu a toujours été le même dans tous les siècles connus et inconnus de nous, que les lois de la nature sont parfaites et fertiles à ce point que rien n'y peut être ajouté, ni en être retranché et qu'enfin les miracles ne semblent quelque chose de nouveau que par l'ignorance des hommes ».

Stupides, les juifs sont également méchants. Ainsi des pharisiens qui, après la perte de leur État, s'opposèrent aux chrétiens par pure agressivité : « Quant au fait que les pharisiens conservèrent en grande partie les cérémonies après la perte de leur État, il faut y voir une marque d'hostilité contre les chrétiens plutôt qu'un dessein de plaire à Dieu. » Leur méchanceté n'a d'égale que celle des Hébreux dont la haine de l'étranger est bien connue : le psaume 139, versets 21-22, leur impose « le devoir sacré de détester férocement l'étranger » et ils s'y emploient : « Éternel, n'aurai-je pas de haine pour ceux qui te haïssent, du dégoût pour ceux qui s'élèvent contre toi ? Je les hais d'une parfaite haine ; ils sont pour moi des ennemis. »

Quant à l'élection du peuple juif, elle témoigne aussi d'une hostilité à l'égard des autres. Les Hébreux sont des égoïstes repus de leur privilège : « Ils n'ont pas excellé sur les autres nations par la science ou la piété. [...] Ils n'ont pas été les élus de Dieu sur la vraie vie et les hautes spéculations. [...] S'ils l'ont emporté en quelque chose sur les autres nations, c'est par la prospérité de leurs affaires, par ce qui touche à la sécurité de la vie et par le bonheur qu'ils ont eu de surmonter de grands dangers. »

L'élection des juifs ne tiendrait donc qu'à leur richesse ! En effet, « aujourd'hui donc, les juifs n'ont absolument rien à s'attribuer qui puisse les mettre au-dessus des nations ». Il y a du Drumont chez cet homme-là ! Certes, parmi les poncifs de l'antisémitisme le plus classique, n'apparaît pas la figure du peuple déicide. Mais cette retenue est presque tautologique : comment le philosophe de la mort de Dieu pourrait-il reprocher aux juifs d'avoir tué le fils de Dieu ?

Mais pour le reste, rien ne manque au florilège. Ainsi de la survie tenace du peuple du Livre. Pour Spinoza, elle résulte du particularisme, de coutumes et de rites « propres à assurer la conservation des juifs ». Il n'hésite pas, pour étayer sa démonstration, à tenir un raisonnement pour une fois peu intelligent. « Quand un roi d'Espagne contraignit les juifs à embrasser la religion de l'État ou à s'exiler, un très grand nombre devinrent catholiques romains et ayant part, dès lors, à tous les privilèges des Espagnols de race, jugés dignes des mêmes honneurs, ils se fondirent si bien avec les Espagnols que, peu de temps après, rien d'eux ne subsistait, non pas même le souvenir. » Spinoza le marrane aurait-il oublié l'abnégation des *conversos* ? Aurait-il tiré un trait à ce point rageur sur ses origines, son passé, ses racines ? Le voilà employant sans la moindre gêne le mot de race, — sans que le terme véhicule le même non-dit qu'aujourd'hui —, réduisant le judaïsme à un ensemble de rites et d'usages, anticipant sans le savoir sur l'antisémitisme du XIXe siècle.

Dit en langue ordinaire, son credo sonne bizarrement : appuyée sur des croyances stupides et des pratiques obsolètes, la superstition des juifs les conduit à haïr les autres nations et cette haine est le prix de leur perpétuation. Leur religion n'est, au fond, que la religion de leur État : « Dieu a fait choix pour eux d'une certaine contrée où ils puissent vivre en sécurité et dans de bonnes conditions matérielles. En conséquence, j'ai compris que les lois révélées à Moïse par Dieu n'étaient rien que la législation propre à l'État des Hébreux ; en d'autres termes, aucun autre peuple n'est obligé de les accepter et les Hébreux, eux-mêmes, n'y ont été soumis que pendant la durée de l'État. » C'est une affirmation qui anticipe sur le sionisme dans sa version la plus exclusive, celle qui postule l'identité du peuple juif, du territoire d'Israël, de la religion et de l'État.

Étrange évolution. Spinoza est excommunié en 1656, non parce qu'il professe un antijudaïsme primaire, mais parce qu'il diffuse des idées sacrilèges, quasi athées et qui mettent en cause toutes les religions : juif, il est sanctionné par sa communauté ; protestant, il l'aurait été par les institutions calvinistes ; catholique, l'Église ne lui aurait laissé aucun répit. C'est un marginal, un dissident, un révolutionnaire. Quatorze ans plus tard, à l'occasion du *Traité théologico-politique*, il verse brutalement dans l'antijudaïsme et se laisse aller à une virulence qui n'est, à aucun moment, de mise dans les autres parties de l'ouvrage.

D'où la certitude qu'après son excommunication la relation de Baruch-Benoît avec le judaïsme demeure complexe parce qu'elle l'était déjà auparavant. Portait-il en lui ces pulsions d'hostilité dès son adolescence, tout en les taisant, de manière à conserver à sa querelle avec les autorités communautaires une allure exclusivement théologique ? Ou se sont-elles développées au fil des années ultérieures, témoignant de la sorte d'une frustration par rapport à son milieu d'origine et à ses racines, au point de transformer en agressivité une passion inassouvie ? Ce n'est pas le même Spinoza qui se dessine à travers ces deux hypothèses. Dans la première, son divorce avec le judaïsme est écrit d'avance ; il est motivé par une haine quasi viscérale à l'égard de la communauté juive. Dans la seconde, l'esprit de raison, le personnage d'une froide rupture s'effacent au profit d'une individu passionné, malheureux, torturé, qui ne peut sortir de l'impasse où il se trouve vis-à-vis de sa communauté que par la violence. Le premier Spinoza est inquiétant et antipathique ; le second excitant par ses failles et donc attachant. Or rien ne permet de trancher car, entre l'excommunication et la publication du *Tractatus*, Benoît ne s'exprime guère sur le judaïsme ; sa correspondance ne laisse par exemple apparaître ni contacts ni conflits avec le monde juif.

Mais ce juif excommunié ne devient pas pour autant un bon chrétien. Comme l'écrit peu après sa mort un de ses plus anciens « détracteurs-admirateurs » — catégorie propre au spinozisme —, en l'occurrence Stoupe, qui l'incitera un jour à rencontrer Condé : « Il est né juif, s'appelle Spinoza et n'a ni abjuré la religion juive, ni embrassé la religion chrétienne, aussi est-il très mauvais juif et ne vaut-il guère mieux comme chrétien... » Comment Spinoza s'est-il libéré des habitudes qui ont scandé les vingt-deux premières années de sa vie, même si intellectuellement il n'a cessé de les relativiser ? Ne plus aller à la synagogue qui, au-delà de sa fonction religieuse, était, plus encore qu'elle ne l'est aujourd'hui, un lieu de rencontres, de discussions, de convivialité. Ne plus respecter le sabbat et ses repas rituels. Ne plus jeûner pour Yom Kippour. Ne plus allumer les bougies, ni dire le kaddish en souvenir de ses parents. Ne plus vivre dans un horizon de temps scandé par la veillée du vendredi, les fêtes et les rites. Ne plus, en un mot, être pris en charge. Même quand on est Spinoza, la solitude est sans doute lourde dans les premiers temps. Or Benoît n'est pas adoubé par une nouvelle communauté, comme Baruch l'a été par la sienne. Il ne rejoint ni le catholicisme, ni le calvinisme, ni le luthérianisme, ni les anabaptistes, ni les sociniens, ni aucune des sectes qui prolifèrent à Amsterdam. C'est un excommunié, ce n'est pas un relaps. Aucune chapelle, aucune famille spirituelle, aucun cercle ne l'enrôle, une fois libéré du judaïsme.

Benoît est donc désormais un homme seul, et il veut le rester. Il pourrait se convertir au catholicisme tel que certaines sectes le pratiquent en Hollande sous des formes particulièrement libérales : nenni ! Il lui serait loisible de se placer à la marge de l'Église réformée : exclu ! Il aurait la capacité de prendre la tête des sociniens et de toute autre dissidence en mal de chef : ridicule ! Dans une société où la solitude est bien davantage une exception qu'elle ne l'est dans le monde contemporain, puisque l'individu est emmailloté à l'époque dans mille et un liens sociaux, Spinoza décide d'assumer son état. Le solitaire perce sous le contestataire et le missionnaire de sa propre pensée point sous le solitaire. Sans doute fallait-il l'excommunication, si difficile fût-elle, pour que Baruch devienne Spinoza. Il aurait pu, en théorie, accepter la semi-marginalité officielle que lui offraient ces Messieurs du Mahamad et se livrer tranquillement à ses travaux philosophiques, puisqu'il a toujours recherché la discrétion, au point même d'apparaître plus tard couard ; il ne l'a pas voulu. La rupture était donc nécessaire, parce qu'elle était fondatrice. Baruch s'efface devant Benoît le 27 juillet 1656, mais plus profondément il devient Spinoza.

V

LE RECLUS

Excommunié, condamné par les magistrats sous la pression des rabbins à un exil de quelques mois, taraudé par le souvenir du coup de poignard au point de conserver, telle une relique, son pourpoint percé, irrité par la bataille juridique autour de la succession de son père, Spinoza décide de quitter Amsterdam. Il aurait pu se contenter, une fois terminée la période d'exil, de s'éloigner du quartier juif, de rompre les ponts avec la communauté et de demeurer dans la ville, afin de bénéficier de sa tonicité intellectuelle, de son incroyable creuset culturel, de cet air vif propre aux vraies métropoles — New York ou Londres aujourd'hui — et donc de devenir un « philosophe en société ». Ce n'est pas le choix de Benoît : partir, c'est entamer une nouvelle vie, sa vraie vie désormais dédiée, de façon obsessionnelle, à l'étude.

Preuve en est qu'il ne troque pas Amsterdam pour La Haye ou Rotterdam, cités de moindre envergure mais néanmoins portées par l'atmosphère du Siècle d'or. Il s'installe, au contraire, dans un petit village : Rijnburg. Une ancienne abbaye, quelques maisons traditionnelles, une grande bâtisse communautaire, un boulanger, Franz

Ouadaen, devenu la référence morale de ce bourg. Rien que de très banal en apparence. Mais Spinoza n'a pas choisi Rijnburg au hasard, au détour d'une carte ou à la pointe d'un compas. Ouadaen avait comparu devant le tribunal des échevins de Rotterdam pour avoir accueilli des pasteurs remontrants en fuite. C'était en effet un collégiant actif et, le travail fini, devant sa maison se réunissaient chaque soir les membres les plus convaincus de la communauté religieuse. Rijnburg était, en d'autres termes, un repaire de collégiants et d'anabaptistes. Spinoza l'a sans doute appris par ses amis à Amsterdam, dans ce milieu, et il a fait le pari que, dans ce groupe tolérant et bienveillant, il trouverait la sérénité nécessaire à son travail. Le contraste devait l'attirer, qui opposait ce petit univers libéral et amical, cette secte mal organisée, dont le corps de doctrine était évanescent, à l'intégrisme et à la tension de la communauté dont il était devenu le proscrit.

Quand exactement Benoît s'installe-t-il à Rijnburg? Nul ne le sait. Seule certitude : avant 1661 puisque apparaissent, à cette époque, les premières lettres signées de ce lieu. Mais dans l'entre-temps y aurait-il un mystère Spinoza? Un trou dans cette vie linéaire? Une fugue? Une transgression? Une passion, peut-être? Est-il retourné vivre clandestinement chez Van den Enden? A-t-il erré à Amsterdam de secte libérale en communauté ouverte? S'est-il terré, affolé, réfugié, inquiété? Aurions-nous enfin à portée de la main un Spinoza, personnage authentique de roman, aux ressorts cachés et aux aspirations contradictoires? Ne rêvons pas. Nulle trace d'épisode romanesque ne se profile à l'horizon, à moins que Benoît ne soit un fieffé dissimulateur, à rebours de toute sa vie. Plus prosaïquement, à une date inconnue, sans doute en 1657 ou 1658, Spinoza s'établit à Rijnburg et prend le temps de se fabriquer une nouvelle existence.

C'est là qu'il devient polisseur de lentilles ou, suivant les versions de l'épopée spinozienne, opticien. De cette activité qu'il pratiquera tous les jours jusqu'à sa mort, naîtra une double légende. Première version : l'artisan qui, pour subvenir à ses besoins, polit inlassablement des lentilles, trouvant dans cette activité répétitive le pendant des escapades philosophiques. C'est la légende du Spinoza modeste, Cincinnatus du concept, le philosophe panthéiste de la Nature, proche lui-même de la nature dans sa vie de tous les jours. Deuxième version : le philosophe opticien, physicien inventif à ses heures, au nom du parallèle qui exige de Spinoza un vrai génie scientifique, puisque ses contemporains, Pascal et Leibniz sont, eux, aussi grands mathématiciens que métaphysiciens. À l'appui de cette thèse viennent, infiniment répétés, les mots de Leibniz lui-même dans sa lettre datée du 5 octobre 1671 et adressée à « l'illustre et célèbre Benoît de Spinoza, Grand Homme illustre » : « Parmi tous les mérites que l'on vous attribue, je vois que vous avez une parfaite connaissance de l'optique. C'est pourquoi j'ai d'autant plus tenu à vous destiner un de mes essais que je ne trouverai pas facilement de meilleur juge en la matière », et, en conclusion : « Votre jugement donnera à tout cela intérêt et valeur. » Mais le brevet de compétence décerné par ce génie mondain de Leibniz n'a, en l'occurrence, qu'une valeur relative. C'est la postérité qui a tranché : le moindre élève d'une classe de math sup continue de répéter les théorèmes de Pascal et de Leibniz; nul ne lui enseigne la moindre loi de Spinoza. Benoît devient donc polisseur de lentilles et non le Newton de l'optique, contrairement au vœu pieux de Lucas : « Il employait tous les jours quelques heures à préparer des verres pour des microscopes et des télescopes, en quoi il excellait, de sorte que si la mort ne l'eût prévenu, il est à croire qu'il eût découvert les plus beaux secrets de l'optique. »

Pourquoi soudainement ce goût du travail manuel ? Colerus donne une explication un peu courte : « La Loi et les anciens Docteurs Juifs marquent expressément qu'il ne suffit pas d'être savant, mais qu'on doit en outre s'exercer dans quelque Art mécanique ou profession pour s'en pouvoir aider à tout événement et y gagner de quoi subsister. C'est ce que dit partiellement Rabban Gamahel dans le Traité du Talmud Pirke avoth chap. 2, où il enseigne que l'étude de la Loi est quelque chose de bien désirable, lorsqu'on y joint une profession ou quelque Art mécanique. Car, dit-il, l'application continuelle à ces deux exercices fait qu'on n'en a point pour faire le mal et qu'on l'oublie. Et tout savant qui ne s'est pas soucié d'apprendre quelque Profession devient à la fin un homme dissipé et déréglé en ses mœurs. Et le Rabbin Jéhuda ajoute que tout homme qui ne fait pas apprendre un métier à ses enfants fait la même chose que s'il les instruisait à devenir voleurs de grands chemins. » Certes, mesurant de lui-même l'objection — ayant rompu à grands frais avec le judaïsme, Spinoza déciderait-il d'appliquer avec zèle un de ses préceptes ? —, Colerus ajoute : « Spinoza, savant dans la Loi et les coutumes des Anciens, n'ignorait pas ces maximes et ne les oublia pas, tout séparé des Juifs et excommunié qu'il était. Comme elles sont fort sages et raisonnables, il en fit son profit et apprit un Art mécanique, avant d'embrasser une vie tranquille et retirée, comme il y était résolu. Il apprit donc à faire des verres pour des lunettes d'approche et pour d'autres usages et il y réussit si parfaitement qu'on s'adressait à lui pour en acheter ; ce qui lui fournit suffisamment de quoi vivre et s'entretenir. On en trouva dans son cabinet après sa mort, encore en bon nombre, qu'il avait polis ; et ils furent vendus assez cher, comme on le peut justifier par le registre du crieur public qui assista à son inventaire et à la vente de ses meubles. »

Spinoza héritier tardif des préceptes de la morale juive ? Étrange. Spinoza privé des dividendes de l'entreprise familiale, obligé dans le besoin d'assurer par un travail ses fins de mois ? Plausible, même si, au fil des ans et de la gloire, il aurait pu accepter telle ou telle pension, outre celle que lui faisait verser le grand pensionnaire, Jean de Witt. Spinoza désireux d'assurer son indépendance plutôt que d'être entretenu ? Imaginable à travers notre système de valeurs d'aujourd'hui, mais peu en phase avec les mœurs de l'époque. Recevoir une pension était la chose du monde la plus naturelle : ainsi fonctionnait la redistribution entre les riches mécènes et les gens de talent désargentés. Il avait fallu toute la charge émotive et philosophique du divorce avec le judaïsme pour que Baruch refusât la rente que les Messieurs du Mahamad lui avaient offerte, afin d'éviter le marteau-pilon du *herem*. D'ailleurs, lorsque Spinoza accepte, nous le verrons, dix ans plus tard d'aller à la rencontre du prince de Condé, s'attend-il à davantage qu'une pension ? Nous voyons aujourd'hui ces liens ambigus avec des yeux différents, ceux qui faisaient dire, dépité, au général de Gaulle en 1945 à propos de Bernanos : « Celui-là, je n'ai pas réussi à me l'attacher. » Spinoza, donc, polisseur par réflexe d'indépendance : en partie seulement.

Spinoza artisan par goût? Pourquoi pas? Pourquoi n'incarnerait-il pas les vertus laborieuses d'une Hollande, traditionnellement portée sur les questions d'optique, puisque c'est là que furent découverts, au début du siècle, les verres grossissants avec lesquels Galilée construisit la première lunette astronomique, et Swammerdam le premier microscope? Il ne se livre pas contraint, à son métier, comme s'il s'agissait d'une pure activité alimentaire. En témoigne le soin qu'il ne cessera d'apporter à son matériel : « J'ai l'intention de me faire fabriquer de nouvelles cuvettes à polir le verre et je voudrais vous demander conseil », écrit-il à Hudde en juin 1666. De même parle-t-il, avec une chaleur qui ne lui est pas familière sur des sujets plus essentiels, de la technique du polissage : « Huyghens s'est consacré et se consacre encore tout entier au polissage des lentilles : à cet effet il a construit une assez belle machine qui permet de fabriquer des lentilles au tour. Je ne sais encore quels en sont les résultats et, en vérité, je ne désire pas le savoir. L'expérience, en effet, m'a suffisamment montré qu'à la main on peut polir les lentilles sphériques beaucoup mieux et beaucoup plus sûrement qu'avec une machine » (lettre à Oldenburg en 1665). Voilà Spinoza adepte des techniques ancestrales, tel un vieil artisan prisonnier de ses tours de main et rétif devant le progrès! Qui l'eût cru?

Spinoza est peut-être un artisan heureux. On ne fait pas tous les jours un travail aussi astreignant, en étant libre de l'abandonner à tout moment, sans y trouver un minimum de satisfaction, y compris névrotique. Imaginons, pour en être convaincu, son établi. Des morceaux de verre de toutes formes : oblongs, sphériques, concaves, convexes, tous lisses, polis, parfaits comme des miroirs. Des meules et des polissoirs sur lesquels l'ouvrier, lui en l'occurrence, passe et repasse des heures durant les lentilles. Des cuvettes remplies d'eau où les verres reposent après traitement. Et, classées avec soin, les lentilles convexes et les lentilles concaves, aussi différentes dans leur essence que peuvent l'être, dans un autre ordre, deux purs concepts. Les convexes, bombées, avec un milieu joufflu, distordent les images qui s'y reflètent. Les concaves, dont le milieu est plus mince que les bords, écartent les uns des autres les rayons de la lumière. À la fin du traitement — de la chaîne de production dirait-on —, elles passent toutes à travers les mains du compagnon chef d'atelier, encore Benoît, puisqu'il est à lui seul apprenti, compagnon, maître, qui, à coups d'enduit de blanc d'Espagne, parcourt de ses doigts longtemps, très longtemps, la bille de verre jusqu'à en faire disparaître la moindre imperfection, la plus légère rayure, la poussière la plus minuscule. Puis, le travail achevé, l'œuvre accomplie, notre compagnon philosophe pose les lentilles désormais parfaites dans des feutrines : elles n'attendent plus que le client.

Ce n'est pas un labeur de forgeron ou de menuisier auquel s'astreint Benoît ; seule, la reliure requiert sans doute le même soin. Or imagine-t-on Kant relieur, Montaigne menuisier, Pascal sellier, Descartes maître forgeron ? Étrange journée que celle, monotone et répétitive, de Spinoza : le matin à lire, annoter, construire un raisonnement, écrire, et l'après-midi à meuler, tourner, enduire, frotter, polir, ou bien l'inverse, le matin artisan, le soir philosophe. Et cet étrange rythme binaire pratiqué, sans discontinuité, des années durant. Spinoza est-il un ascète ou, pour employer le langage de nos enfants, est-il plutôt « barge » ? Obsessionnel : à l'évidence ; névrosé : sans conteste ; maniaque : à coup sûr ; psychorigide : peut-être.

Spinoza serait un peu fou. Et alors ? diront les spinozistes les plus décontractés. Les plus dogmatiques verront, eux, dans cette affirmation un crime contre l'esprit. Mais à ce niveau surhumain, le génie et la folie se rejoignent, plaideront benoîtement certains. Ce n'est pas cette folie-là qui est en jeu c'est-à-dire : une folie à la Nietzsche, mais une bonne et classique psychose qui voit cet homme trouver une forme de jouissance à polir, inlassablement polir.

Mais existe-t-il d'autres indices de cette névrose ? argumenteront les grands prêtres du temple spinoziste. La folie finit toujours par se déployer en dehors de son champ originel. Quel comportement aberrant mettre au débit du reclus de Rijnburg ? Quels autres signes psychotiques ? Les combats d'araignées, allez-vous nous citer. Mais qui peut en témoigner ? Que Spinoza polisse des lentilles, les preuves abondent, mais qu'il ait trouvé son plaisir, voire sa jouissance, à observer se battre des araignées, seule une sourde rumeur le prétend. C'est Colerus lui-même qui est à l'origine de la légende : « Lorsqu'il voulait se relâcher l'esprit un peu plus longtemps, il cherchait des araignées qu'il faisait battre ensemble, ou des mouches qu'il jetait dans la toile d'araignée et regardait ensuite cette bataille avec tant de plaisir qu'il en éclatait quelquefois de rire. Il observait aussi avec le microscope les différentes parties des plus petits insectes, d'où il tirait après les conséquences qui lui semblaient le mieux convenir à ses découvertes. » Miracle : le père de l'*Éthique* rit ! Et quel événement, quel paradoxe philosophique, quel trait supérieur d'esprit peuvent donc susciter un phénomène aussi contre nature : le rire de Spinoza ? Observer des araignées s'arracher les pattes et se dévorer. Le polisseur de lentilles a d'étranges distractions ; s'il n'est certes pas l'« homme qui rit dans les cimetières », il ne rit néanmoins que de voir les insectes pratiquer l'écartèlement, avec la même minutie que les bourreaux qui officient place de Grève.

Dans sa charmante « biographie imaginaire de Spinoza [1] », Patrick Rödel se plaît à imaginer avec talent la scène. Il dessine un coin obscur de la mansarde duquel Spinoza a interdit à la logeuse d'approcher, afin d'y établir son élevage. C'est là que, tel un organisateur de corridas, il va chercher une bête de combat avant de la poser sur la toile d'une de ses congénères. L'affrontement sera mortel, mais à en croire les spécialistes, il ne répond ni à un besoin sexuel ni à un réflexe de faim de la part des combattants. C'est, paraît-il, un involontaire jeu de stratégie, au hasard des fils et des ressacs de la toile, jusqu'au moment où les deux adversaires ont, l'un et l'autre, vaincu le labyrinthe et se sont trouvés, s'agrippant, se mordant, lançant leurs pattes l'un contre l'autre, incapables de se séparer et encore plus de s'éliminer. Spinoza rit, le visage au plus près du champ de bataille. Lorsque les deux insectes, tels des boxeurs en mal d'énergie, commencent à se fatiguer, leurs prises ressemblant à des étreintes lasses, peut-être les fouaille-t-il avec une brindille, afin de les stimuler un peu.

Bourreau d'insectes et défenseur, *perinde ac cadaver*, de l'homme. Bourreau, il l'est en effet, lorsqu'il se contente, à défaut d'un duel d'araignées, d'attraper avec délicatesse une mouche et de la déposer sur la toile,

1. Patrick Rödel, *Spinoza, le masque de la sagesse, biographie imaginaire*, Climats, 1997.

d'attendre le moment où la maîtresse des lieux devine sa proie et la paralyse avant gloutonnement de la mettre en charpie, et Spinoza de rire à nouveau aux éclats. Or si Colerus est le seul à rapporter le fait, tous ceux qui ont approché Benoît ont témoigné de sa difficulté à rire, voire à sourire. Le génie taciturne, le philosophe mélancolique, le penseur nostalgique en quête d'un passé englouti, ne rit qu'en une seule circonstance : devant des araignées en train de se livrer un combat à mort ou devant l'une d'entre elles sur le point d'en écarteler une autre. Belle âme à certaines heures, le grand Spinoza ! Si le polissage des lentilles témoigne d'une face cachée du personnage, les combats d'araignées en esquissent une autre, plus sombre : un sadique contrôlé, un pervers inhibé. Spinoza aurait sans doute mieux fait de courir les filles dans les rues d'Amsterdam. Mais s'impose face à ce genre de réaction toujours la même ritournelle : moins frustré, plus équilibré, Benoît serait-il devenu Spinoza ? Alors, va pour les araignées : c'est un faible tribut au génie payé par l'humanité.

Certains, parmi les spinozistes de stricte obédience, poussent même la vertu jusqu'à chercher une métaphore derrière les combats d'araignées. Des luttes de pouvoir ; des guerres intestines ; la condition humaine ; les hommes, à la fois bourreaux et victimes, s'agitant désespérés sur une immense toile. C'est prêter à leur héros une allure encore bien enfantine de l'imaginer cherchant l'inspiration devant les fils gluants d'une toile d'araignée ! L'*Éthique* serait ainsi née de l'observation d'une araignée achevant une mouche. Trêve d'alibis. Spinoza se distrait et poussant, sans le savoir, l'allégorie de la distraction, telle qu'à quelques centaines de lieues de

Rijnburg Pascal était en train de l'élaborer, il le fait avec sadisme, perversité et une dose sans égale de violence contenue.

Une fois ses instincts satisfaits à travers un dérivatif psychologiquement inquiétant, mais anodin sur le plan de la vie en société, Benoît est le plus charmant et le plus paisible des petits-bourgeois de province. Pour ses hôtes successifs, à Rijnburg, à Voorburg puis à La Haye, c'est un pensionnaire parfait. « Sobre et bon ménager, précise Colerus. Ce n'est pas qu'il fût réduit à une si grande pauvreté qu'il n'eût pu faire plus de dépense s'il l'eût voulu ; assez de gens lui offraient leur bourse et toute sorte d'assistance : mais il était fort sobre naturellement et aisé à contenter ; et il ne voulait pas avoir la réputation d'avoir vécu, même une seule fois, aux dépens d'autrui. Ce que j'avance de sa sobriété et de son économie se peut justifier par différents petits comptes qui se sont rencontrés parmi les papiers qu'il a laissés. On y trouve qu'il a vécu un jour entier d'une soupe au lait accommodée avec du beurre, ce qui lui revenait à trois sous, et d'un pot de bière d'un sou et demi ; un autre jour il n'a mangé que du gruau apprêté avec des raisins et du beurre et ce plat lui avait coûté quatre sous et demi. Dans ces mêmes comptes, il n'est fait mention que de deux demi-pintes de vin tout au plus par mois. » Pour ses comptes, Spinoza est un apothicaire, aussi minutieux que quand il polit ses lentilles, aussi obsessionnel que lorsqu'il les frotte des heures entières. Afin de désarmer toute velléité chez ses hôtes d'augmenter sa pension, « il lui est arrivé quelquefois, ajoute Colerus, de dire qu'il était comme le serpent qui forme un cercle la queue dans la bouche, pour leur marquer qu'il ne lui restait rien de ce qu'il avait pu gagner pendant l'année ». Spinoza se nourrit-il, comme un ascète, pour des raisons de santé, par discipline intérieure ou par avarice ? Sans doute les trois.

Spinoza est de santé fragile et évidemment, au fil des années et d'une vie monacale, ses maux n'ont fait qu'empirer : il ne mourra ni d'un accident, ni d'une crise cardiaque, ni d'un duel, mais à quarante-quatre ans, de faiblesse et de langueur. La phtisie n'est d'ailleurs pas pour rien dans son tempérament hypocondriaque. « Outre qu'il n'était pas d'une complexion fort robuste, écrit pour sa part Lucas, sa grande application aidait encore à l'affaiblir : et comme il n'y a rien qui dessèche tant que les veilles, ses incommodités étaient devenues presque continuelles, par la malignité d'une petite fièvre lente qu'il avait contractée dans ses méditations. Si bien qu'après avoir langui les dernières années de sa vie, il la finit au milieu de sa course. » À ses problèmes quotidiens de santé, Benoît ne répond pas en fouettant son corps, en menant de longues chevauchées à cheval, en arpentant les grèves, en s'imposant des exercices physiques. Ce n'est pas l'homme de « *mens sana in corpore sano* » mais plutôt du « *no sport* » de Churchill. Il fait une fixation sur la nourriture, comme si en la contrôlant suivant les règles qu'il s'est à lui-même imposées, il dominera ses maux. La bière et non le vin comme boisson, quitte à la faire venir de loin : « Je vous félicite de l'arrivée et du retour de M. Bresser ; je le remercie vivement de la bière qu'il m'a promise et lui manifesterai ma gratitude par tous moyens en mon pouvoir » (lettre à Schuller, 1675). Des plats simples : une soupe au lait, un gruau apprêté avec des raisins. La quête du remède miracle : « J'espère aussi recevoir de cette confiture de rose rouge que vous m'avez promise, écrit-il à Johannes Bouwmeester en juin

1665, quoique je me porte beaucoup mieux. Depuis que je suis parti de là-bas, j'ai été saigné une fois, sans que la fièvre crût (je me sentais pourtant un peu mieux avant même qu'on ne m'eût ouvert la veine, à cause peut-être du changement d'air). J'ai eu deux ou trois accès de fièvre tierce, mais j'ai enfin réussi à l'expulser par un bon régime et à l'envoyer, je ne sais où, tout mon soin étant à la vérité qu'elle ne revienne pas. » Et cette digression narcissique terminée, Spinoza d'enchaîner sur le même ton : « En ce qui concerne la troisième partie de ma philosophie... »

Et le même Bouwmeester de répondre, telle une nounou attentionnée, comme si les amis de Spinoza étaient aussi paternels à l'endroit de sa personne qu'ils étaient déférents vis-à-vis de son esprit : « Cher Monsieur et illustre ami, j'ai grand regret de n'avoir plus de cette confiture de rose dont je vous avais vanté les mérites sur la foi du témoignage d'un mien ami qui s'en était fort bien senti. Mais il devrait vous être possible d'y remédier, à condition de suivre soigneusement la recette que j'ai pu me procurer. » Et le même interlocuteur de débiter une recette de bonne femme : « Vous ne devriez pas avoir de peine à cueillir la quantité de roses suffisante dans le jardin de votre hôte où vous m'aviez mené la dernière fois que j'eus l'heur de vous faire visite. Mais vous devez observer de cueillir toutes les roses le matin, avant que le soleil ait passé dessus, parce qu'alors leurs substances essentielles sont comme concentrées par la fraîcheur de la nuit, au lieu que le soleil y ayant passé, il s'en dissipe une partie... Vous ferez bouillir dans une pinte d'eau quelques poignées de pétales, pendant une demiheure... Après quoi vous presserez les pétales dans un linge fin et le jus que vous en extrairez viendra s'ajouter au liquide que vous avez déjà. Vous mettrez ensuite du sucre dans la proportion de quatre parts pour trois parts de liquide. Vous laisserez cuire jusqu'à ce qu'une goutte tombant dans un verre d'eau reste "en perle"... Vous obtiendrez une gelée relativement consistante d'un rouge clair, dont le goût légèrement parfumé vous sera agréable... Je me suis laissé dire qu'elle avait aussi quelque effet pour les sueurs et les diarrhées dont vous m'avez confié être troublé. » Quel est le meilleur moyen pour un disciple, afin d'entrer dans les bonnes grâces du grand Spinoza ? Se hisser à sa hauteur « théologico-politique » ? Nenni : lui fournir une recette de cuisine. Et voilà notre philosophe en quête de la potion magique qui le libérera de ses petits maux quotidiens : la Raison, l'immense Raison, celle qu'il déifie à longueur d'ouvrages, abdique devant la superstition quand il s'agit non de Dieu, mais de diarrhées.

Ce Spinoza-là est économe de sa vie, centré sur ses problèmes de santé, s'imposant une discipline de fer dans cette Hollande paillarde où les repas relèvent, comme sur les tableaux flamands, d'une liturgie épicurienne. Derrière cette ascèse, outre les bouffées d'irrationalité, se glisse-t-il un comportement stoïcien ? Benoît condamne certes les jeûnes et les mortifications que les dévots de toutes les religions se plaisent à multiplier. Il fait, à l'occasion, l'éloge de la modération : « Et donc user de ces choses, et y prendre plaisir autant que faire se peut (non bien sûr, jusqu'à la nausée, car ce n'est plus prendre plaisir), est d'un homme sage. Il est, dis-je, d'un homme sage de se refaire et recréer en mangeant et en buvant de bonnes choses modérément, ainsi qu'en usant des odeurs, de l'agrément des plantes vertes, de la parure, de la musique, des jeux qui exercent le corps, des théâtres et des autres choses de ce genre dont chacun peut user sans aucun dommage pour autrui » (*Éthique*, 4e partie, proposition 45). Spinoza prêche une vie à la Montaigne et s'en impose une à la Sénèque. Pourquoi un tel décalage ? Par narcissisme et angoisse d'ordre médical ? Par un besoin d'autoflagellation ? Par névrose, une fois de plus ? Benoît éprouve bizarrement des obsessions de jeune fille anorexique. Petites obsessions, mais à l'image d'une petite vie, comme si celle-ci était condamnée à se rabougrir à mesure que l'esprit ne cesse, lui, de s'épanouir.

Certes, derrière le paravent de cette existence ordonnée, minutée, répétitive, scandée de rites domestiques et dramatiquement banale, il n'y a pas que l'intelligence pour remuer ; l'inconscient, lui aussi, s'agite. Spinoza, sans en connaître naturellement l'existence, ne le laisse affleurer qu'une fois au détour d'une lettre à Pieter Balling, destinée en principe à le consoler de la mort de son fils : « Un matin, alors que le ciel s'éclairait déjà et que je m'éveillai d'un rêve très pénible, les images qui s'étaient présentées à moi durant mon sommeil se sont offertes à mes yeux avec autant de vivacité que s'il se fût agi d'objets réels, en particulier celle d'un Brésilien noir et crasseux que je n'avais jamais vu auparavant. Cette image disparaissait en grande partie lorsque, pour me distraire par un autre objet, je fixais mes yeux sur un livre ou quelque autre chose : mais dès que je m'en détournais et que je ne fixais plus rien avec attention, la même image du même Éthiopien m'apparaissait avec la même vivacité à plusieurs reprises, jusqu'à ce que peu à peu, elle eût disparu. »

Quel rêve idéal pour le bon docteur Freud ! Un Brésilien ou un Éthiopien qui fait irruption dans la vie d'un intellectuel qui ne connaît, pour toute géographie, que la topographie de sa mansarde ! Un visiteur noir et crasseux, insaisissable, obsédant. Ne nous livrons pas à une interprétation d'amateur des songes. La surprise est ailleurs. Dans le fait que Spinoza, si peu prolixe sur lui-même dans son œuvre et même dans sa correspondance, éprouve le besoin, au prétexte d'une digression, de faire un tel aveu. Ce n'est certainement pas le seul rêve étrange que le nouvel habitant de Rijnburg a fait. Il n'a pu qu'être taraudé par des bouffées d'irrationalités, contrepartie naturelle d'une vie si normée. Mais il est impossible, à cette époque, de retomber sur ses pieds et de se rassurer en invoquant, de façon sacramentelle comme nous le faisons, les détours de l'inconscient. Celui-ci n'existe pas. Entre le divin et la raison, il n'y a rien. À quoi un Spinoza peut-il donc raccrocher ces visites nocturnes intempestives ? Comment lui qui se convainc, au fil de sa réflexion, que tout est rationnel, arrive-t-il à justifier une telle aberration : un tête-à-tête avec un Brésilien crasseux ? Devine-t-il le jeu des réminiscences et recherche-t-il la source de ses fantasmes dans ses dernières rencontres, pour essayer à partir de ces pièces éparses de reconstruire le puzzle ? Ou se contente-t-il, avec sincérité, des béquilles empiriques sur lesquelles il va s'appuyer de manière à rationaliser l'irrationnel : « Nous savons par expérience que les fièvres et autres observations du corps sont des causes de délire, et ceux qui ont le sang épais n'imaginent que rixes, blessures, monstres et autres choses semblables » ?

À l'évidence il serre les écrous. Ce qui n'est pas explicable n'existe pas. Mais l'inconscient de Benoît travaille sans doute davantage qu'il veut bien l'avouer. Comment imaginer que jamais n'affleurent, chez cet homme sans femme, des pulsions ou des rêves érotiques ? Un jour, au détour d'une réponse à Hugo Boxel qui l'interrogeait sur l'existence des esprits, n'écrit-il pas : « Je m'étonne que ceux qui ont vu des spectres nus n'aient pas regardé leur sexe. Par pudeur ? Parce qu'ils ignorent la différence peut-être. » Spectres nus, sexe : ce n'est guère le vocabulaire usuel de Spinoza. Parle-t-il d'esprits ou plutôt de personnages croisés, la nuit, au détour d'un rêve mais dont il se garde bien d'avouer la fréquentation ? Y aurait-il, à côté du Spinoza névrosé, un Spinoza onirique, aux fantasmes nocturnes les plus crus, à l'appétit sexuel enfin avoué ?

Même s'il s'est acharné à se comporter en pur esprit, Benoît a une vie intérieure plus compliquée que l'image qu'il s'attache à donner. Des névroses, des manies, des obsessions, des fantasmes : « un homme fait de tous les hommes, qui les vaut tous et que vaut n'importe qui », suivant la dernière phrase de Sartre dans *Les mots* ?

Mais le Spinoza souterrain, taraudé par son inconscient et ses psychoses, ne doit pas non plus, telle une contre-image d'Épinal, prendre le dessus sur le villageois paisible de Rijnburg. « Pendant qu'il restait au logis, explique Colerus, il n'était incommode à personne ; il y passait la meilleure partie de son temps tranquillement dans sa chambre. Lorsqu'il lui arrivait de se trouver fatigué pour s'être trop attaché à ses méditations philosophiques, il descendait pour se délasser et parlait à ceux du logis de tout ce qui pouvait servir de matière à un entretien ordinaire, même de bagatelles. Il se divertissait aussi quelquefois à fumer une pipe de tabac. » C'est la nature du personnage : « Au reste, si sa manière de vivre était fort réglée, sa conversation n'était pas moins douce et paisible. Il savait admirablement bien être le maître de ses passions. On ne l'a jamais vu ni fort triste, ni fort joyeux. Il savait se posséder dans sa colère et dans les déplaisirs qui lui survenaient, il n'en paraissait rien au-dehors ; au moins s'il lui arrivait de témoigner son chagrin par quelque geste ou par quelques paroles, il ne manquait point de se retirer aussitôt, pour ne rien faire qui fût contre la bienséance. Il était d'ailleurs fort affable et d'un commerce aisé, parlait souvent à son Hôtesse, particulièrement dans le temps de ses couches et à ceux du logis lorsqu'il leur survenait quelque affliction ou maladie : il ne manquait point alors de les consoler et de les exhorter à souffrir avec patience des maux qui étaient comme un partage que Dieu leur avait assigné. » Reclus mais pas misanthrope ; réservé mais convivial ; discret mais chaleureux ; attentif, solidaire, amical.

Il y a du prêtre laïc chez cet homme-là. Et qui plus est, dénué de la moindre arrogance : « Lorsque les gens du logis revenaient du Sermon, il leur demandait souvent quel profit ils y avaient fait et ce qu'ils en avaient retenu pour leur édification. Il avait une grande estime pour mon Prédécesseur — c'est toujours Colerus qui parle —, le Docteur Cordes qui était un homme savant d'un bon naturel et d'une vie exemplaire : ce qui donnait à Spinoza d'en faire souvent l'éloge. Il allait même quelquefois l'entendre prêcher et faisait état surtout de la manière savante dont il expliquait l'Écriture et des applications solides qu'il en faisait. Il avertissait en même temps son Hôte et ceux de la maison de ne manquer jamais aucune Prédication d'un si habile homme. »

Ainsi Spinoza le rebelle, l'« Antétalmud » — comme il existe des Antéchrist —, l'excommunié, le fils indigne de la synagogue, pousse-t-il la bonne volonté et le désir de vivre en bonne intelligence avec son entourage jusqu'à aller écouter un brave pasteur de village et en faire l'éloge. Ne le voilà-t-il pas qui vante, à son tour, la soumission à la religion : « Il arriva — Colerus toujours *dixit* — que son Hôtesse lui demanda un jour si c'était son sentiment qu'elle pût être sauvée dans la Religion dont elle faisait profession : à quoi il répondit : "Votre Religion est bonne, vous n'en devez pas chercher d'autre, ni douter que vous n'y fassiez votre salut, pourvu qu'en vous attachant à la piété, vous meniez en même temps une vie paisible et tranquille." »

Spinoza serait-il élitiste ? Que les pauvres, les logeurs, les voisins se satisfassent de l'« opium du peuple », dès lors que leur religion est bonasse et peu dogmatique ! Aux hommes de sa classe, il réserve, en revanche, son prosélytisme afin de les détourner de leur superstition. Ou n'est-il qu'hypocrite ? Soucieux de paix afin de sauvegarder son atmosphère de travail, peut-être préfère-t-il éviter tout conflit avec son entourage immédiat, quitte à se glisser, sans contorsion excessive, dans la posture du bourgeois respectueux de l'ordre établi. À moins qu'il ne se venge inconsciemment du judaïsme, en voulant se montrer publiquement amène à l'égard d'autres religions, qu'il aborde sans contentieux affectif et sans passif familial.

Mais de cette tolérance et de cette ouverture à autrui émerge un homme de bonne compagnie. Sans doute intrigue-t-il son entourage par son acharnement au travail, ses heures de lecture, ses rames de papier noircies de sa petite écriture et puis, soudainement, sa capacité à se muer en artisan et à polir aussi longtemps, avec la même obstination, des lentilles de verre. Bizarre, mais bon bougre, doivent se dire les villageois.

Après s'être fabriqué une nouvelle vie, Spinoza va construire progressivement à Rijnburg son « système » qui l'accompagnera jusqu'à sa mort : un petit cercle de proches, les uns disciples, les autres confidents, dont l'influence ne cessera par capillarité de s'étendre. Au centre de la toile — la vraie, pas celle des araignées, celle de l'ascendant intellectuel — : le maître. Autour de lui, à distance plus ou moins lointaine, en fonction d'une échelle des préférences, toujours variable, dont il est le seul juge : les intimes, les élèves, les amis, les correspondants épistolaires les plus réguliers. Plus reculés, les visiteurs épisodiques, les solliciteurs, les épigones, les admirateurs qui, au fil des années, ne cesseront de se multiplier. Et tous de communier autour d'une œuvre qui n'existe guère et qu'ils connaissent peu puisque, à part les *Principes de la philosophie de Descartes*, fruit de son travail à Rijnburg et publiés en 1663 sous son nom, le *Tractatus theologico-politicus* sera mis en circulation en 1670 de façon anonyme, même si cet anonymat deviendra vite un secret de Polichinelle.

Il existe un mystère Spinoza : comment s'est progressivement formée une communauté autour de ce reclus, peu loquace, peu productif, peu extraverti, peu dominateur? Dans une société tellement moins fluide que la nôtre, comment s'établissent, sans publication à rythme régulier, le magnétisme d'un ermite, l'attraction d'un excommunié? Descartes occupe l'espace; il va, court, revient, fréquente les grands, provoque; en un mot, il est. Voltaire, plus tard, inventera la posture du « contre-roi » : une cour, une légende, un absolutisme à l'envers. Avec Spinoza, c'est une autre configuration : un salon mais à distance, un réseau — suivant le vocabulaire d'aujourd'hui —, une école de pensée, un club de gens cultivés, un cercle d'intellectuels. Péguy et les *Cahiers de la quinzaine*, deux siècles et demi plus tôt.

Le rideau se lève vraiment avec les premières correspondances dont la trace a été sauvegardée à partir de 1661. Apparaissent alors des personnages, Oldenburg, Simon de Vries, Louis Meyer, qui appartiennent, depuis un certain temps, au « salon Spinoza ». Correspondaient-ils avec le maître avant cette date ? Existait-il d'autres interlocuteurs, à ce moment-là, dont les lettres ont été perdues ? Quelle part des échanges se faisait dans des tête-à-tête, des réunions collectives, des contacts épistolaires ? Quels étaient les codes de cette microsociété, ses rites, sa hiérarchie ? Comment Spinoza marquait-il son estime ou son hostilité ? De quelle manière régnait-il sur son monde ? Impossible à savoir.

Seule certitude : des étudiants de Leyde, attirés par ce qu'ils entendaient dire des collégiants de Rijnburg et des discussions qui s'y tenaient, venaient régulièrement participer à des réunions. Peut-on imaginer que ces activités intellectuelles se passaient en l'absence de Benoît ? Il ne pouvait en être que le centre et la référence. Certitude aussi le fait que les disciples étaient obsédés par la place que le maître daignait leur assigner. Ainsi, au détour d'une lettre adressée par Simon de Vries à Spinoza, apparaît brutalement l'existence d'un favori et celle-ci suscite naturellement de la jalousie : « Il est heureux, vraiment bien heureux, votre compagnon Caesarius qui demeure sous votre toit et peut avoir avec vous, aux repas ou à la promenade, des entretiens sur les plus grands problèmes. »

Un disciple partagerait-il donc la vie quotidienne de Spinoza, au point d'habiter sous le même toit ? Notre philosophe se défend, comme s'il se sentait pris en faute, répondant à de Vries : « Vous n'avez pas de raison d'envier Caesarius : personne, en effet, ne me pèse plus que lui, et il n'est personne pour qui j'aie plus de méfiance. C'est pourquoi je veux que vous sachiez, ainsi que tous les autres, qu'il ne faut pas lui communiquer mes idées avant qu'il ait acquis plus de maturité. Il est encore trop enfant et trop inconsistant, plus soucieux du nouveau que du vrai. Mais j'espère qu'il se guérira d'ici peu d'années de ses défauts de jeunesse, et autant que j'en puis juger par ce que je sais de lui, je suis certain qu'il le fera. C'est pourquoi son caractère m'engage à l'aimer. » Pièce capitale pour notre enquête policière que cette lettre datée : Rijnburg, février 1663. « Tous les autres » : Spinoza avoue, pour la première fois, l'existence d'un cercle autour de lui, dont Simon de Vries est l'un des membres. Et surtout, il valide l'existence de ce jeune homme auquel lui, l'ermite, le misanthrope, est suffisamment attaché pour l'accueillir sous son toit. Qui est donc ce Caesarius ? Un élève plus doué, le fils d'un ami, un mignon ? Spinoza, prédécesseur de Frédéric II, poussant la liberté jusqu'à l'homosexualité ? Ce n'est pas exclu, mais peu probable : rien ne permet d'étayer l'hypothèse. Quel dommage ! Quelle plus belle brisure imaginer derrière le visage lisse et trop sage de la Raison faite homme !

Mais pédérastie sans doute exclue, d'où vient ce Caesarius que nous découvrons presque caché derrière une tenture au domicile de Spinoza ? Né en 1642, il a donc dix ans de moins que Benoît ; il a fait ses études chez Van den Enden et c'est là qu'il a rencontré son futur maître. On le retrouve en 1661 étudiant en théologie à Leyde, d'où il est parti pour Rijnburg, à la fois pour se loger et suivre un enseignement cartésien auprès de Spinoza. Leur relation est en fait éphémère puisque très rapidement éconduit par le philosophe, lassé de son enseignement ou instable de caractère, Caesarius rejoint l'université d'Utrecht, puis postule auprès de la Compagnie des Indes orientales pour un poste de pasteur dans l'une de ses possessions. Il l'obtiendra à Malabar, se prendra de passion, non pour l'âme de ses paroissiens, mais pour la botanique, et découvrira des espèces végétales qui portent désormais son nom. Et comble de paradoxe, pour être aussi différent de Benoît que possible, il déteste la lecture !

Comment ce futur globe-trotter a-t-il pu conquérir l'affection d'un homme qui n'a jamais parcouru plus de soixante kilomètres ? Comment cet esprit primesautier a-t-il suscité l'intérêt de Spinoza ? Quelles ont pu être leurs affinités électives ? Une fois de plus surgit un Spinoza différent de celui que la légende a gravé dans le marbre. Probablement plus frustré par la solitude qu'il ne veut le laisser paraître, donc prêt à nouer amitié avec celui que les circonstances lui offrent. Sans doute en mal d'affection et de tendresse, et de ce fait sensible à l'admiration, fût-elle envahissante, d'un disciple, même s'il le tient intellectuellement à distance. Et à coup sûr amusé, par perversité et ennui d'être, de créer un peu de zizanie dans sa petite coterie.

Spinoza n'est, de toute façon, pas un maître aisé à vivre. Passionné du double langage, héritier de la culture marrane du secret, convaincu des avantages de la dissimulation, adepte des tiroirs intellectuels à combinaisons et à secrets, il ne pratique pas un dialogue égalitaire avec sa petite troupe. Et aussi méprisant à l'égard des lettrés dont l'intelligence lui paraît tourner au ralenti par rapport à la sienne, qu'il est chaleureux avec son hôtesse analphabète, il ne fait guère de concessions à ses interlocuteurs : sa correspondance ne cessera d'en témoigner. Caesarius a-t-il été aimé ou toléré ? Mystère. Et dissimulation suprême vis-à-vis de son jeune disciple venu chercher auprès de lui la parole de Descartes, il la lui délivre au moment même où il rédige ses *Principia philosophiae cartesianae*, et donc sans laisser paraître sa propre conception.

À partir environ de 1660, l'école de Spinoza commence à fonctionner à plein régime : le maître expose en latin ; Jarrig Jelles traduit en hollandais ; Balling poursuit en espagnol. Les assistants prennent des notes et rédigent après coup un compte-rendu. Le maître revoit leurs textes. C'est de cette maïeutique qu'est issu, prétend la légende spinozienne, le *Court Traité*, c'est-à-dire un texte découvert il y a environ un siècle, écrit en hollandais, qui ressemble à une ébauche de l'*Éthique*, mais que Spinoza n'a pas timbré, par un signe ou une allusion, de son autorité. De même que l'époque a pris l'habitude de distinguer Rubens et l'école de Rubens, il existe Spinoza et l'école de Spinoza. Le *Court Traité* est sans doute l'œuvre majeure de cette dernière.

C'est au même moment, plus exactement en 1661, qu'il reçoit la visite d'Henri Oldenburg, secrétaire de la Société royale de Londres. Voilà le premier pèlerin d'envergure à faire le voyage de Rijnburg. Ce n'est pas un personnage subalterne, cet Oldenburg. Le secrétaire de la Société royale de Londres est, sur le mode anglais, l'équivalent de notre chancelier de l'Institut ou de ce que fut le président de l'Académie des sciences de l'Union soviétique : une institution à lui seul.

À peine rentré à Londres, Oldenburg écrit à son hôte : « Il me fut si difficile, après avoir séjourné dans votre retraite de Rijnburg, de devoir me séparer de vous que, dès mon retour en Angleterre, je m'efforce de vous entendre encore, autant qu'on le peut, du moins par lettre. » Suivent un hommage et une déclaration d'amitié : « La science des choses authentiquement réelles, jointe à la bonté et à la distinction des mœurs (toutes qualités dont la nature et la réflexion vous ont largement pourvu) ont en soi des attraits capables d'entraîner l'amour d'esprits bien nés et de libre éducation. Unissons-nous donc, Monsieur, par les liens d'une amitié sincère et, avec zèle, entretenons cette amitié par tous genres d'attachements et de bons offices. Ce qu'il est possible d'attendre de ma faiblesse, vous en jugerez. Mais vous me permettrez de réclamer pour moi ces dons que vous possédez, cette partie d'entre eux plutôt, que vous me pouvez consacrer, sans préjudice pour vous-même. »

Benoît, pour une fois, sort de sa réserve. Il répond : « Vous pourrez juger par vous-même à quel point votre amitié m'est précieuse, dès que votre modestie vous permettra de faire retour sur vos multiples qualités ; et pourtant, quand je les considère, je ne pense pas manquer d'orgueil en voulant me lier d'amitié avec vous ; surtout si, comme je le crois, cette communauté doit concerner d'abord les choses de l'esprit. En la circonstance, c'est à votre modestie, à votre bienveillance qu'il faudra savoir gré, plutôt qu'à moi-même. Vous avez voulu par l'excès de l'une vous abaisser, mais par l'ampleur de l'autre m'enrichir ; aussi cette étroite amitié que vous m'avez si fortement promise, en retour de quoi je l'accepterai sans crainte et je m'appliquerai avec soin à la cultiver... »

Et les prémisses de leur relation établies, les deux compères se mettent à échanger arguments et contre-arguments sur Dieu et la Nature. Spinoza entre volontiers dans ce jeu, si typique du XVIIe et du XVIIIe siècle qui fait de la correspondance entre membres de l'élite européenne le levier le plus efficace de l'influence intellectuelle. Avec Oldenburg, il dialogue sur un pied d'égalité, soit parce que l'homme l'a impressionné, soit parce que, sensible au poids des institutions, il est flatté de ce premier hommage international. Ainsi, à la fin de son séjour à Rijnburg, se sont mis en place les deux instruments du système Spinoza : le cercle des disciples et l'apparition de grands correspondants. C'est à partir de là que se diffuseront successivement sa renommée, sa légende puis son mythe.

L'épisode Rijnburg trouve sa conclusion dans la publication du seul livre que Spinoza ait signé de son vivant de son nom : les *Principes philosophiques de Descartes*. Œuvre paradoxale, à l'image de l'ambivalence du personnage : rien de sa doctrine n'y transparaît ; c'est de la pensée d'un autre dont il disserte ; et pourtant ce seul ouvrage suffira à assurer sa notoriété et à le faire passer de la réputation naissante de l'ermite de Rijnburg à la gloire du philosophe de Voorburg, à partir de son installation en 1664 dans cette petite ville. Publié aux frais de Jarrig Jelles chez Rieuwertsz, le livre naturellement écrit en latin est traduit en hollandais par Pieter Balling. La tradition veut que ce soit une leçon destinée à Caesarius, mais la nature de sa relation avec son disciple et l'opinion peu amène qu'il a de lui rendent cette hypothèse incertaine.

Sans doute la pensée rationalisatrice de Spinoza exigeait-elle, afin de mieux assurer ses arrières, de faire une dernière fois le tour du monument Descartes. Même si la proximité géographique ne suscita aucune connivence entre les deux hommes, l'ombre portée du grand René était là, qui surplombait toute l'activité philosophique de l'époque.

Benoît décide de solder ses comptes avec lui, mais au lieu de se livrer, suivant une habitude littéraire du moment, à une « réfutation » en bonne et due forme, il joue une fois de plus masqué. C'est dans le ton, dans l'éclairage, dans de rares incises qu'il laisse parler sa propre voix. Pour le reste, l'exposé doctrinal est parfait, le respect sous-jacent, la considération omniprésente : pourquoi Benoît, qui n'en pense pas moins sur Descartes et ne se lassera pas de le dépasser, prend-il la posture du fidèle disciple ? Par jeu ? Par goût du paradoxe ? Par sens viscéral de la dissimulation ? Ou par le besoin philosophique de « faire un arrêt sur image » ?

Pourquoi ne pas s'en tenir à la version que Spinoza, lui-même, donne à Oldenburg : « Votre lettre tant désirée, lui écrit-il le 27 juillet 1663, m'est enfin parvenue et il m'est donné aussi d'y répondre. Mais avant de le faire, il faut que je vous conte en quelques mots tous les obstacles qui m'ont empêché de vous écrire plus tôt. Après avoir apporté ici [à Voorburg] mon mobilier, je suis parti pour Amsterdam. Là quelques amis m'ont prié de leur donner une copie de certain petit ouvrage qui comporte la deuxième partie des *Principia* de Descartes suivant une méthode mathématique, de même qu'un bref aperçu des principes de la *Metaphysica*, choses et autres que j'avais dictées à un certain jeune homme [Caesarius], auquel je ne voulais pas enseigner mes véritables opinions [notre maître du double jeu avoue]. Là-dessus ils me prièrent d'adapter le plus rapidement possible la première partie aussi, selon la même méthode. Pour ne pas décevoir ces amis, je m'attelai aussitôt à ce travail, l'achevai en quinze jours et le remis aux amis qui me demandèrent s'ils pouvaient tout publier. Ils obtinrent aisément mon assentiment sous condition toutefois que l'un d'entre eux polît quelque peu le style en ma présence et y ajoutât une préface pour souligner que tout ce qui est dit dans cet opuscule n'est pas nécessairement conforme à mes opinions, comme il apparaît de plusieurs exemples, je prétends justement le contraire. »

Quel étrange esprit qui, dans son premier livre, écrit l'inverse de ce qu'il pense et le fait savoir par son préfacier ! Au fond, quand il publie sous son nom, Benoît est hypocrite ; quand il se livre, comme il le fera dans le *Tractatus*, il se protège derrière l'anonymat. À Voorburg, comme à Rijnburg, rien n'est simple.

VI

LE PHILOSOPHE CLANDESTIN

« Voulez-vous envoyer votre lettre à Voorburg, chemin de l'Église, au logis de maître Daniel Tijdeman le peintre » : voilà la nouvelle adresse de Spinoza, telle qu'il l'indique à ses correspondants. Il vient enfin de publier; il déménage. C'est une nouvelle étape qui commence. Qu'en attend Benoît? Sur le plan intellectuel, trêve de modestie ou de doute, il a décidé de devenir un philosophe reconnu. Ainsi écrit-il à Oldenburg le 17 juillet 1663, à peine arrivé à Voorburg : « Maintenant je trouve enfin un moment, cher ami, pour vous écrire et vous expliquer pourquoi j'ai autorisé la publication de ce traité. Grâce à cet écrit, il se trouvera peut-être quelques personnes d'un rang élevé dans ma patrie qui désireront voir mes autres travaux, où je parle en mon nom; et elles feront peut-être que je puisse les publier sans aucun risque. Si cela arrivait, je ne tarderais guère sans doute à faire paraître quelque chose; sinon je garderais le silence plutôt que d'imposer mes idées à mes concitoyens et de me les rendre hostiles. »

Étrange raisonnement! Spinoza, l'esprit le plus libre de son époque, attend la protection miraculeuse d'un hypothétique bienfaiteur afin de publier ses travaux, alors qu'il vit sans contrainte dans le pays le plus ouvert d'Europe. Quelle pusillanimité caractérielle, si contradictoire avec l'audace de son intelligence ! Lui, le juif marrane, qui, pris dans les rets de sa communauté, a su braver et insulter la synagogue, n'ose pas s'affirmer à la face du monde. Que risque-t-il ? Ni l'Inquisition, ni un procès en sorcellerie, ni une lettre de cachet, ni l'embastillement, mais au pis quelques ennuis judiciaires, et une mise à l'Index sans conséquence dans cette capitale de l'édition où l'anonymat sert, si besoin est, d'utile paravent aux éditeurs. Il n'y a pas là de quoi se terrer... Et pourtant, pendant six ans, Spinoza va travailler dans la discrétion. Il finira par publier le *Traité théologico-politique*, mais à l'abri de l'anonymat et il continuera de rédiger l'*Éthique*, tout en refusant d'envisager la moindre publication. Sans que rien ne l'y contraigne, il va jouer les philosophes clandestins. Le courage physique ou moral du bonhomme n'est pas à la mesure de son audace intellectuelle.

Le voilà donc à Voorburg, « village qui, selon son correspondant Constantin Huygens, ne connaît pas son pareil ». Ce n'est pas, à coup sûr, l'agrément du lieu qui l'a entraîné là : plutôt la proximité avec La Haye et Amsterdam, de manière à être plus facilement au centre de la toile qu'il a tissée avec ses disciples, ses correspondants, ses amis. Il s'y ajoute, nécessité absolue pour lui, comme à Rijnburg une atmosphère empreinte de libéralisme. Ainsi son hôte Daniel Tijdeman, maître peintre de son état, garde national pendant les deux conflits avec l'Angleterre, bien que protestant, se situe-t-il dans la mouvance des collégiants. C'est un citoyen actif et il entraîne Benoît dans de picrocholines guerres villageoises pour la désignation d'un nouveau pasteur. Tijdeman et deux anciens échevins font pression sur le conseil municipal de Delft en faveur d'un certain Van de Wiele et font signer une pétition que Spinoza a rédigée à leur demande.

Mais son intervention se retourne en fait contre la cause de ses amis. Les opposants n'hésitent pas à écrire aux autorités : « Le dénommé Daniel Tijdeman, dans la maison qu'il tient en location, a comme pensionnaire un certain Amstellodamois, Spinoza, né de parents juifs, qui est maintenant à ce qu'on dit athée, c'est-à-dire un homme se moquant de toutes les religions et donc un élément pernicieux dans cette république. Nombre de savants et de prédicants, entre autres le pasteur Lantman, qui le connaissent bien, peuvent en témoigner : il a rédigé la requête présentée à Messieurs les Bourgmestres. » Est-ce l'irruption, dans le débat, de notre marginal ? Les membres du Conseil se déterminent pour l'autre candidat, c'est-à-dire le pasteur proposé par les habitants les plus bourgeois. Don Camillo et Pepone se battant à Voorburg, au nom de l'intégrisme et du libéralisme...

C'est donc à Voorburg que Spinoza affronte, comme chacun, l'épidémie de peste de 1664 et 1665. Ses épigones se réjouissent qu'avec sa faible constitution, il se soit installé à la campagne et ait été mieux protégé qu'il ne l'aurait été, cerné par les miasmes d'une ville. Toujours est-il qu'il échappe à la maladie, et que l'existence même de l'épidémie ne l'a pas impressionné : aucune allusion au fléau n'apparaît dans sa correspondance.

En bonne santé, plutôt satisfait de sa nouvelle existence, Benoît décide de voyager. Ou plutôt de franchir vingt lieues ! Ainsi se rend-il, à l'entrée de l'hiver suivant, en compagnie de son ami Simon de Vries, à Schidam où il réside, durant les mois les plus rudes de l'hiver, hors de la ville, dans une maison au nom poétique, « Le Long Verger ». Ils y cohabitent avec le frère et la sœur de Simon. À portée de main de Rotterdam, ils ne peuvent qu'être en contact avec le milieu des collégiants dont ils sont encore plus proches qu'à Voorburg. Mais au stade où en est désormais Benoît de sa maturation intellectuelle, ces fréquentations ne l'influencent plus. Les collégiants ne représentent plus pour lui qu'un milieu tolérant, tourné vers les aspirations spirituelles, dans lequel il se sent bien. Il y recrute, sans le chercher, élèves et admirateurs, parfois quelques importuns, mais aucun interlocuteur avec lequel dialoguer sur un plan d'égalité. Pourquoi, dans ce long fleuve tranquille qu'est la vie de Benoît, s'est-il imposé ce séjour au Long Verger ? Nul ne le sait. Peut-être, tout à son amitié avec Simon de Vries, celui qui apparaît le plus proche parmi tous ses correspondants, a-t-il voulu s'offrir un moment « à la Montaigne et La Boétie » : « parce que c'était lui, parce que c'était moi ».

De toute façon, la vie sociale de Spinoza au Long Verger, comme à Voorburg, ne va pas cesser de s'accélérer. Les milieux intellectuels n'ont pas été dupes : derrière l'apparence lisse des *Principes de Descartes*, ils ont deviné les prémisses d'une révolution. Ils ont compris qu'une énorme machinerie conceptuelle était sur le point de se mettre en marche et qu'une grande querelle, une de ces querelles dont raffolent les penseurs de toutes les époques, allait prendre corps. Lucas ne s'y trompe pas : « Les partisans de ce grand homme [Descartes], pour le justifier de l'accusation d'athéisme, ont fait depuis tout ce qu'ils ont pu pour faire tomber la foudre sur la tête de notre Philosophe [Spinoza] usant en cette occasion de la politique des disciples de saint Augustin qui, pour se laver du reproche qu'on leur faisait de pencher vers le Calvinisme, ont écrit contre cette secte les livres les plus violents. Mais la persécution que les Cartésiens excitèrent contre Monsieur de Spinoza, et qui dura autant qu'il vécut, bien loin de l'ébranler le fortifia dans la recherche de la vérité. »

Spinoza s'était donc illusionné, croyant que sa critique du cartésianisme était écrite à l'encre sympathique et n'apparaîtrait, entre les lignes, qu'à quelques savants. L'intensité du débat ne peut dans ces conditions que le surprendre. Mais il l'accepte, rend les coups, multiplie les prises de position vis-à-vis de ses disciples et de ses correspondants, sans aimer à l'évidence ce genre de situation. L'odeur de la poudre, même intellectuelle, ne l'enivre pas. Cette expérience pèsera, le moment venu, sur ses hésitations à publier le *Traité théologico-politique* et l'*Éthique* et sur le choix qui sera le sien d'éditer le premier de façon anonyme et de renoncer à rendre publique la seconde de son vivant. Ce Spinoza-là, craintif et contourné, n'est pas le meilleur, la faiblesse du corps s'accompagnant de la mollesse de l'âme.

Toujours est-il que, *nolens volens*, Benoît est, comme on dit aujourd'hui, en situation. Parlant de sa présence à Voorburg, Lucas peut ainsi préciser : « D'abord il n'y fut visité que d'un petit nombre d'amis, qui en usaient modérément. Mais cet aimable lieu n'étant jamais sans voyageurs, qui cherchent à voir ce qui mérite d'être vu, les plus intelligents d'entre eux, de quelque qualité qu'ils fussent, auraient cru perdre leur voyage s'ils n'avaient pas vu Monsieur de Spinoza. Et comme les effets répondaient à sa renommée, il n'y avait point de savant qui ne lui écrivît pour être éclairci de ses doutes. »

Le Spinoza de Voorburg mène la même vie qu'à Rijnburg, mais sur un tempo, à l'évidence, plus intense. C'est ce que susurre, à sa manière, Lucas : « Mais tant de visites qu'il recevait, tant de réponses qu'il avait à faire aux savants qui lui écrivaient de toutes parts et ses ouvrages merveilleux, qui font aujourd'hui nos délices, n'occupaient pas suffisamment ce grand génie. Il employait tous les jours quelques heures à préparer des verres pour des microscopes et des télescopes... »

Voilà la légende sulpicienne du spinozisme en marche. Sans combat d'araignées, sans fantasme nocturne, sans obsession, sans névrose. Un Spinoza partagé entre l'étude, la correspondance, la discussion philosophique et l'optique, et dont la journée suit un rituel méthodique et irrésistible, comme plus tard Kant dont seule l'annonce de la Révolution française fera changer le parcours de promenade. Pendant cinq ans, du retour du Long Verger à la publication du *Tractatus*, c'est une vie métronomique que mène Benoît. Ni accident de santé, ni événement amoureux, ni deuil familial, ni passion brutale, ni fête mémorable, ni escapade, ni aventure, ni romance, ni imprévu, ni inattendu, ni imprévisible, ni surprise.

Seule tension connue pendant toute cette période : l'offre financière de Simon de Vries. Il semble qu'il se soit rendu à Voorburg afin de proposer au maître « une somme de deux mille florins pour lui permettre de vivre avec un peu d'aisance ». Celui-ci refuse et le fait en présence de son propriétaire transformé, volontairement ou non, en témoin. Il allègue, en effet, qu'il n'a pas besoin de cet argent et que, s'il acceptait ce don, il risquerait d'être distrait de ses travaux. Il y a du jésuite chez ce juif excommunié. Quel meilleur argument rhétorique vis-à-vis d'un disciple que de lui faire grief de sa générosité, en lui expliquant qu'elle briserait la carrière intellectuelle de son maître !

De Vries ne se tient pas coi, après cette rebuffade. Il revient à la charge ; sentant sa fin prochaine et n'ayant pas d'enfant, il demande à Spinoza d'accepter de devenir son légataire universel. Celui-ci rejette à nouveau l'avance, mais cette fois-ci sans tour de passe-passe ; il se place sur le terrain de l'équité et lui démontre l'injustice qu'il y aurait à léser, de la sorte, son propre frère. De Vries acquiesce, à la condition que le philosophe accepte de voir figurer sur le testament une rente annuelle, en sa faveur, de cinq cents florins. Lorsque Simon de Vries décède en septembre 1667, son frère se rend chez Spinoza afin de mettre en place cette dotation. Mais le solitaire de Voorburg se met à marchander à la baisse ! C'est trop d'argent et il ne veut pas obérer le patrimoine de son visiteur. Aussi finissent-ils par « faire affaire » à trois cents florins par an, engagement qu'Isaac de Vries exécutera avec une absolue fidélité jusqu'à la mort de Benoît.

Quelle importance un tel épisode revêt-il pour Spinoza ? Est-il à ce point insensible à un environnement qui aime, pendant ce Siècle d'or, voir ruisseler les florins et pense à l'argent de façon obsidionale ? Joue-t-il la comédie ? Se sent-il si respectueux de l'ordre social que l'idée de voir un frère déshériter l'autre lui soit insupportable ? Est-ce une question de morale ou de pur conformisme ?

Pendant ces années tranquilles notre philosophe polisseur de lentilles ne semble guère passionné par la politique, alors qu'il va paradoxalement lui fournir une bible. Comment Spinoza, au moment où il élabore le *Tractatus* et se glisse dans le sillage de Machiavel, s'intéresse-t-il en effet aux affaires de la cité ? L'Italien était un praticien de la politique mué en théoricien ; notre ex-marrane semble, lui, à mille lieues d'en connaître les mécanismes. Ces années, autour de 1665, sont pourtant lourdes d'affrontements : le conflit entre le grand pensionnaire et Guillaume III connaît son paroxysme avec l'abolition du stathoudérat, et le bouillonnement diplomatique atteint une particulière intensité lors du changement d'alliance des Hollandais qui, après deux guerres contre l'Angleterre, décident de s'allier avec elle, face aux appétits de Louis XIV.

Pour un « spectateur engagé », que d'occasions ! Le choc d'une oligarchie bourgeoise et de la légitimité aristocratique ; le conflit naissant entre une république d'essence démocratique et une monarchie absolue ; les tensions entre deux logiques économiques, l'une libre-échangiste et l'autre influencée par les prémisses du colbertisme. Benoît n'entre pas dans la mêlée : ni allusion dans sa correspondance, ni récit au second degré, ni compte-rendu de ses Joinville, Colerus et Lucas. S'il réagit face à ces événements, il le fait *in pectore*. Joue-t-il un rôle dans la coulisse ? C'est le mythe du Spinoza « conseiller du Prince », cette histoire forgée de toute pièce, de manière à faire coller sa vie avec le stéréotype du philosophe-scientifique-homme d'influence, c'est-à-dire le modèle Machiavel, Descartes, Leibniz ou plus tard Diderot.

On voit certes passer dans son entourage des hommes de pouvoir, tel ce conseiller d'État dont parle Colerus : « Un conseiller d'État des plus considérables l'étant allé voir, le trouva en robe de chambre fort malpropre ; ce qui donna au conseiller de lui faire quelques reproches et de lui en offrir une autre ; Spinoza lui répondit qu'un homme n'en valait pas mieux pour avoir une plus belle robe. Il est contre le bon sens, ajouta-t-il, de mettre une enveloppe précieuse à des choses de néant ou de peu de valeur. » Le dialogue tient plus du café du Commerce que d'un échange stratosphérique.

La légende spinoziste veut qu'il soit devenu le confident, le « Père Joseph », voire l'inspirateur du grand pensionnaire Jean de Witt et donc le philosophe officiel de la République bourgeoise. Balivernes. C'est tirer loin une phrase de Lucas : « Il eut l'avantage d'être connu de Monsieur le Pensionnaire de Witt, qui voulut apprendre de lui les Mathématiques [ce n'est plus le modèle Spinoza-Machiavel, mais Spinoza-Leibniz] et qui lui faisait l'honneur de le consulter sur des matières importantes. » De Witt lui fait verser une pension de deux cents florins et Lucas emploie à son endroit le mot « mécène ». Spinoza n'est en réalité qu'inscrit sur la « liste civile » de la République ; il n'est pas rétribué pour des services rendus. D'ailleurs Colerus ne dit mot de cette relation, en théorie, privilégiée. Certes l'émotion de Benoît sera grande, quelques années plus tard, lorsque le pensionnaire sera assassiné, mais cette réaction, au demeurant naturelle, ne suffit pas à démontrer a posteriori un lien ancien, profond et quasi professionnel.

Tant pis pour le stéréotype du Spinoza esprit universel ; dommage pour l'intrigue romanesque : il n'y a pas de Mazarin en pointillé qui sommeille chez Benoît. Pendant ces années 1665-1670 qui le verront penser le système politique, il ne connaîtra aucune expérience concrète — sensible, suivant son propre vocabulaire — de la politique. Spinoza n'est ni un citoyen du monde, ni un pessimiste actif, ni un homme de pouvoir. Il va imaginer les institutions politiques idéales sur le même mode qu'il invente son propre Dieu panthéiste : suivant une démarche purement intellectuelle qui le voit enchaîner les idées, comme un tapissier exécute son carton. Le monde politique concret constitue une toile de fond; ce n'est pas un outil expérimental.

Plus Benoît laboure, plus il le fait de façon clandestine. Il paraît même réduire son activité épistolaire. De la correspondance de Spinoza entre 1661 et 1666, il est resté trente-trois lettres; des années 1666 à 1671, à peine huit dont la plupart rédigées en 1666. Certes un Maigret de la biographie remarquerait, à juste titre, que cela ne prouve rien. Certaines peuvent s'être perdues ou les correspondants traditionnels avoir été divertis de l'activité épistolaire. Ainsi d'Henri Oldenburg, le plus assidu à écrire les années précédentes et qui connut, pendant cette période, maints déboires y compris une incarcération à la Tour de Londres pour avoir, *dixit* Samuel Pepys dans son journal, « communiqué des informations à un virtuoso en France avec lequel il a une correspondance suivie sur des sujets philosophiques ». Quel est ce « virtuoso » suspect? Mystère.

De même, à l'exception de Jarrig Jelles, les amis de Spinoza à Amsterdam s'évanouissent-ils tous. Pourquoi un Louis Meyer, si prompt antérieurement à se tourner vers le maître, disparaît-il alors qu'il pousse au contraire l'intérêt pour la philosophie jusqu'à publier un traité *Philosophia S. Scripturae*? Sont-ils fautifs? Ou Spinoza, obsédé par son travail, pendant ces années où il est le plus productif, est-il devenu un ours encore plus mal léché qu'auparavant, un misanthrope dont l'attitude bougonne est dissuasive vis-à-vis d'autrui?

Un indice — et pas des plus négligeables — va dans ce sens : comment le paisible Benoît, dont l'attitude semble, entre son excommunication et la fin de son séjour à Rijnburg, des plus bienveillantes, prend-il le mors aux dents dans le *Tractatus*, multipliant les invectives et les sarcasmes contre ceux qui ne comprennent pas les Écritures comme lui ? Pourquoi s'attaque-t-il si violemment aux pasteurs, campés désormais en comédiens, et à tous les croyants devenus complices de la superstition ? Est-ce un Spinoza atrabilaire qui publie en 1670 ? Est-ce la simple transcription de son attitude pendant les années précédentes ? Sent-il dans le procès en hérésie intenté aux frères Kœrbagh qui refusaient, entre autres sacrilèges, de voir en Jésus le fils de Dieu, une sourde menace à son endroit ? Se renferme-t-il par ascèse, par hypocondrie, par crainte ou par délire de la persécution ? Il est vrai que, lorsque Adriaan Kœrbagh subit le 20 juillet 1668 son premier interrogatoire, il est longuement questionné sur ses liens avec Spinoza et sur l'influence impie que celui-ci aurait pu exercer sur lui. Pour les autorités établies, le nom même de Spinoza est devenu sulfureux. Et celui-ci, le sachant, de se terrer afin d'avancer, à grandes enjambées, dans la rédaction de son ouvrage.

Mais, même en période d'introversion, Spinoza ne refuse pas le contact lorsque l'interlocuteur, sans être à son niveau, est d'une intelligence « convenable ». Les hasards du voisinage ayant installé côte à côte les frères Huygens et notre philosophe à Voorburg, celui-ci se laisse prendre au jeu. Christian Huygens est en effet un personnage tel que le Siècle d'or les aime : aristocrate de bon aloi, héritier d'une tradition intellectuelle, érudit, scientifique, voire poète à ses heures, et surtout opticien de renom. Avec pour père un diplomate, dévolu aux ambassades culturelles, devenu son meilleur *public relations* et qui n'hésite pas à offrir à Louis XIV une horloge à pendule montée par son fils, afin de mieux en asseoir la renommée. Christian et son frère Constantin, son assistant, voisinent donc avec celui qu'ils appellent le « Juif de Voorburg ». À leurs yeux, c'est un bon tailleur de lentilles, versé dans les mathématiques et qui entretient, comme ils le font, de courtoises relations avec la Royal Society de Londres, via Oldenburg.

En 1665, nos voisins de village en sont encore aux premiers pas d'une relation amicale. Spinoza se contente en effet d'écrire à Oldenburg : « Pour ma part, chaque fois que j'en eus l'occasion, je n'ai pas manqué de m'informer de vous auprès de M. Sen, et de Christian Huygens, seigneur de Zeelhem, qui m'avait dit vous connaître aussi. » Il ajoute qu'il a discuté avec Huygens du traité sur les couleurs de Boyle, des microscopes, des thermomètres, des lentilles de télescope excellentes des frères Campari, des observations des éclipses et d'une « ombre qui semble projetée sur Saturne par un anneau ». Remarque insolite qui témoigne des limites du savoir scientifique de Spinoza, car dès 1658, le même Huygens avait éclairci le mystère en publiant un livre au titre limpide : *Systema Saturnium*.

Benoît trouve, à l'évidence, de l'intérêt à la fréquentation de son voisin parce que celui-ci lui est scientifiquement supérieur. Il éprouve néanmoins quelques difficultés à reconnaître cet ascendant et écrit, un peu hargneux, à Oldenburg : « Je sais pourtant qu'il y a un an environ, il [Huygens] m'a dit que presque toutes les découvertes qu'il avait faites par le seul calcul au sujet du mouvement avaient depuis été vérifiées par l'expérience en Angleterre ; ce que j'ai peine à croire. À mon avis, pour ce qui concerne la sixième loi cartésienne du mouvement, aussi bien lui que Descartes se trompent. » À propos de Descartes Spinoza a raison, mais vis-à-vis de Huygens, il se surestime : celui-ci disait vrai. Notre héros ne doit guère aimer ce genre de situation. Lui qui ne connaît qu'une seule position, l'ascendant, le voilà dans une posture moins familière, une certaine forme d'infériorité. De là une relation purement intellectuelle et donc froide, nimbée de méfiance. Christian Huygens écrit ainsi le 2 décembre 1667 à son frère Constantin : « Il faut laisser faire notre Juif avec ses ouvertures [il s'agit d'optique] et l'expérience le doit réfuter bien mieux que la théorie... »

« Notre Juif » : ainsi à Voorburg, comme partout, en 1667 comme aujourd'hui, qui est né juif le restera *ad vitam aeternam* aux yeux des autres. La condition de Spinoza pourrait illustrer à merveille la conception sartrienne du judaïsme : est juif celui que les autres regardent comme juif. Excommunié, en guerre avec la synagogue, devenu Benoît, Spinoza est encore juif dans l'esprit de son voisin le plus célèbre, donc a fortiori dans celui de son logeur de peintre, de son boulanger, de sa femme de ménage. Il aura beau, dans le *Tractatus*, utiliser des expressions que Drumont n'aurait pas reniées, la messe — si on peut oser — est dite : antisémite peut-être, mais juif toujours.

Il n'y a pas que Huygens pour le regarder comme juif. Ainsi Oldenburg le croit-il encore habilité à parler au nom de la communauté lorsqu'il lui demande le 8 décembre 1665 : « Je passe à la politique. On parle partout du retour dans leur patrie des Israélites dispersés depuis plus de deux mille ans [*sic*, deux siècles et demi avant Herzl]. Peu de gens y croient mais beaucoup le souhaitent. Voulez-vous me faire savoir ce que vous entendez dire et ce que vous pensez de la question ? [...] J'aimerais bien savoir ce qu'en ont appris les juifs d'Amsterdam, et comment ils ont accueilli cette nouvelle qui, si elle était véridique, annoncerait assurément un bouleversement dans le monde entier. » Étonnante modernité du propos : le sionisme aurait-il pu naître deux siècles et demi plus tôt ? Ainsi se serait-il affirmé dans un environnement de tolérance et non, comme ce sera le cas plus tard, en réaction à l'irrésistible ascension de l'antisémitisme. L'idée mériterait d'être poursuivie, comme une uchronie, ce jeu de société pour intellectuels qui consiste à faire basculer l'Histoire à partir d'une simple hypothèse. Spinoza se garde bien en tout cas de répondre. Sans doute déteste-t-il ce genre d'interpellation qui lui montre à quel point sa condition est contradictoire : il reste juif contre sa propre volonté !

Revenons à nos deux opticiens. Huygens se croit plus génial qu'il ne l'est et Spinoza fait parfois semblant de le paraître moins que lui sait l'être. Le premier, après avoir beaucoup admiré le mythe cartésien, s'y attaque de front : « Il donnait ses conjectures pour des vérités. » Le second joue hypocritement les bons élèves, nous le savons, n'inscrivant dans les *Principes philosophiques* ses critiques qu'à l'encre sympathique. Huygens n'aime pas, de surcroît, les discussions théologiques ; il a décidé, une fois pour toutes, de s'en tenir au protestantisme de sa famille vis-à-vis de l'extérieur et de se bricoler, pour lui seul, un Dieu de concours Lépine, super-inventeur, géomètre, logicien, mathématicien de l'éternité. Aussi refuse-t-il de se laisser entraîner par Spinoza sur le terrain métaphysique. Comment celui-ci ne serait-il pas frustré de se voir privé du terrain sur lequel il peut affirmer sa domination intellectuelle ? Huygens, lui, ne cesse de se méfier, y compris dans l'ordre scientifique, au point d'écrire à son frère, en 1668 : « Il n'est pas nécessaire de vous recommander le secret et quand même l'invention ne réussirait pas, je ne voudrais pas que vous en disiez à l'Israélite, afin que par lui Hudde ou d'autres ne pénétrassent dans cette spéculation qui a encore d'autres utilités. »

Pour Huygens — mépris de classe, antisémitisme ou exacte appréciation des compétences en optique de Benoît — le concurrent n'est pas Spinoza, mais Hudde. Les deux voisins en définitive s'épient, s'observent, se rencontrent, conversent, s'intéressent l'un à l'autre et — ce qui chez des intellectuels constitue un test — se prêtent des livres. On peut même, pour une fois, prendre Spinoza en flagrant délit de commérage ! N'écrit-il pas à Oldenburg, à propos de Huygens : « Je pense quant à moi que pour l'instant il songe plus à son voyage en France (car il est sur le point d'aller s'établir en France aussitôt que son père sera de retour) qu'à quoi que ce soit d'autre » ?

Lorsque Huygens part pour Paris, son frère Constantin prend le relais et poursuit des entretiens avec Spinoza dont il rend minutieusement compte à son aîné. La relation se distendra au fil du temps. Ils échangeront certes des livres : le *Tractatus* de la part de l'un, l'ouvrage sur le calcul des probabilités de la part de l'autre. Mais l'aigreur ira croissant. Lorsqu'en 1682, donc cinq ans après la mort de Benoît, l'abbé Gallois demandera à Huygens un exemplaire du *Tractatus* et des *Opera posthuma*, celui-ci les lui enverra, en ajoutant : « Je souhaiterais qu'il y eût quelque chose de plus considérable où je fusse capable de vous faire plaisir ! » Pourquoi le voisinage de Voorburg débouche-t-il à la fin sur une relation aussi froide et méfiante ? Huygens n'est certes pas un personnage facile : fier de ses origines, sûr de son bon droit, heureux de sa gloire scientifique, il mesure bien l'étrangeté de son voisin et se sent sans doute mal à l'aise devant un esprit dont il pressent la supériorité, sans en avoir de preuve. Mais Benoît n'est pas plus commode : ne pas intervenir dans son domaine de prédilection, la métaphysique, et donc ne pouvoir surplomber le débat lui coûte. Son orgueil n'accepte pas de surcroît la nuance de mépris de classe qu'il ressent chez Huygens.

Car si Spinoza aime jouer les scientifiques en donnant des leçons à moins fort que lui, comme dans ses lettres à Hudde ou à Jean Van der Meer, il préfère à l'évidence philosopher. Mais il le fait de façon sélective. Autant il écrit volontiers à ses interlocuteurs à propos de Dieu, autant il se garde bien d'aborder les questions politiques. Alors même qu'il rédige, parallèlement à l'*Éthique*, le *Tractatus*, il ne vient jamais, dans ses lettres, sur ce terrain-là. Preuve qu'il avait, de longue date, décidé de l'anonymat de la publication ? Prudence viscérale, dès qu'il s'agit de la chose publique, qui le conduira justement à l'anonymat ? Ou peur de l'affrontement public dont témoignent maints autres indices ? Benoît n'a rien du capitaine Fracasse.

Le voilà donc à la fin des années 1660. Il s'est « installé philosophe » depuis plus de dix ans. Dix ans à mener cette vie réglée comme du papier à musique : lecture, écriture, optique, agrémentées de correspondance et de rencontres. Dix ans à vivre en transit, chez un logeur, fût-il sympathique, sans domicile, sans famille, sans maisonnée. Dix ans, apparemment, sans vie affective, taraudé sans doute par le désir, les fantasmes et peut-être — ô pensée sacrilège — l'onanisme. Dix ans à vivre dans une houppelande loqueteuse, un bonnet sur la tête, de vieilles mules aux pieds, une plume d'oie à la main, penché sur des livres à annoter et un manuscrit à raturer. Dix ans à essayer de pratiquer la méthode socratique avec des disciples attachants, pour se retrouver, sur les sujets les plus complexes, seul face à ses propres constructions intellectuelles. Dix ans à jouer à cache-cache avec l'influence cartésienne, un reste d'héritage juif et une lecture peu conventionnelle du Nouveau Testament. Dix ans à vieillir et à se voir vieillir, sans avoir encore donné de grande œuvre. Donc dix ans à travailler, inlassablement travailler, pour écrire des livres, sans être sûr de les achever ou même de les publier. La vie de Benoît, au moment où il est en pleine force de création, n'est pas gaie et lui n'est sans doute pas heureux, mais un génie l'est-il jamais ? Imagine-t-on Hegel en train de faire des plaisanteries, Nietzsche rire de manière non sardonique ou Pascal se livrer à des jeux de cour ?

C'est le cœur de la pensée spinozienne qui s'élabore pendant ces années-là, donc l'essentiel de l'*Éthique* et le *Traité théologico-politique*. Le choix de la forme géométrique est fait, pour l'*Éthique*, depuis 1663 ; Spinoza écrit en effet à Oldenburg, à cette date : « Mais pour démontrer ces propositions avec plus de clarté et de concision, je n'ai pu faire mieux que de les soumettre à votre examen, après les avoir établies sous la forme géométrique. » Spinoza, cet esprit déjà hyperstructuré, va donc penser, des années durant, de façon géométrique. Mesure-t-on la pression qu'il exerce ainsi, de son propre chef, sur son intelligence ? Devine-t-on la violence de la tension rationalisatrice à laquelle il se soumet ? Comment croire qu'à ce degré de rigueur et de puissance, la personnalité n'est pas modifiée ?

La dynamique même de ses travaux pousse Spinoza vers la psychorigidité. Le risque est grand qu'à force d'y céder, il en devienne moins créatif. Mais il échappe à une telle invalidité. Un effet de miroirs s'installe entre un Spinoza à la pensée de plus en plus épurée et une œuvre qui ne cesse de se concentrer sur l'essentiel, dont l'élaboration rétroagit sur le fonctionnement intellectuel de son auteur. Cet étrange tête-à-tête entre un homme et son œuvre ne cesse de les transformer l'un et l'autre.

Ce n'est pas dans la bande sympathique de marchands, de libraires, d'étudiants, de dilettantes, de rentiers curieux qui gravite autour de lui que Benoît peut trouver une vraie contestation. Ces paisibles disciples sont certes intéressés par le b a ba de la philosophie, et Spinoza accepte, sans difficulté, de jouer les professeurs attentifs pour débutants, mais aucun d'entre eux n'est en position de fouailler dans la matière spinoziste et d'obliger le maître à infléchir sa pensée.

L'*Éthique* est, d'une certaine manière, un étalon de mesure de la solitude de Spinoza. Comme l'écrit Wolfson[1] : « Dans l'*Éthique*, Spinoza ne s'adresse pas au monde ; il communique avec lui-même. » De là une autre raison de choisir la forme géométrique : elle évite d'avoir à discuter avec ses adversaires. Asséner des conclusions, sans argumentation préalable, interdit toute contestation. Le genre thèse, antithèse, synthèse n'est pas le sien. C'est, appliquée à l'ordre philosophique, une forme d'extraversion à laquelle notre misanthrope répugne. Un épicurien, un Montaigne, un Rousseau

1. Harry Austryn Wolfson, *La philosophie de Spinoza*, Paris, Gallimard, 1999.

n'auraient pas écrit à la manière de l'*Éthique*. Ce concentré d'intelligence, ce « pur jus de crâne » ne peuvent provenir que d'une personnalité refermée sur elle-même, dont la courtoisie et la disponibilité ne constituent que des protections, qui ne s'aime guère, mais qui n'aime pas davantage les autres ! C'est cette alchimie entre le tempérament et l'œuvre qui se développe pour l'essentiel pendant les années Voorburg.

À un moment, pour nous inconnu, Spinoza décide pendant cette période de s'éloigner du livre-miroir de lui-même que deviendra l'*Éthique*, pour plonger dans la mêlée et se mettre à la rédaction du *Tractatus theologico-politicus*, un ouvrage en situation par rapport à son environnement social et politique. Certes la mêlée, vue par Benoît, n'est pas une foire d'empoigne ; il se place à une altitude où la polémique ne ressemble pas à une bataille de rue. Mais le fait est là : soudainement notre philosophe entre dans le débat public. D'aucuns y voient, nous le savons, une réaction face à l'affaire Kœrbagh et aux remugles inquisitoriaux — cette fois du côté protestant — qu'elle manifeste. Cet ami de Benoît a en effet été accusé de « conventicule hérétique » (*sic*) et mis vaguement au ban de la société. D'autres compagnons de Spinoza eurent aussi maille à partir, comme Beelthouwer, avec les autorités protestantes. Mais l'intolérance hollandaise est à l'image du pays : modérée, sans excès ni débordement.

La multiplication de telles pressions, le durcissement de l'atmosphère suffisent-ils à mettre en mouvement notre philosophe ? Colerus se place, lui, sur un tout autre terrain. Il met l'accent sur la publication en 1665 d'un petit livre, *Du droit des ecclésiastiques*, par un certain Lucius Antistius Constans, note que ce traité a paru au moment où Spinoza attaquait la rédaction du *Tractatus* et se plaît à laisser planer un doute. Antistius est-il un autre Benoît ? « Il est très possible que deux personnes entreprennent d'écrire et d'avancer les mêmes impiétés ; et parce que leurs écrits viendraient à paraître à peu près en même temps, il n'y aurait pas lieu pour cela d'en inférer qu'ils seraient d'un seul et même auteur. Spinoza, lui-même interrogé par une Personne de grande considération, s'il était l'Auteur du premier Traité, le nia positivement ; ce que je tiens de Personnes dignes de foi. » On ne peut trouver plus pervers. Comment suggérer, en écrivant l'inverse ! Ce Colerus ne manque pas de talent. Mais malheureusement son hypothèse, romanesque à souhait, est fausse. Spinoza n'a pas écrit pour jauger les réactions de l'opinion un *Court traité politique* avant le *Tractatus*, clone du *Court traité* qu'il rédigera en revanche en guise de préfiguration à l'*Éthique*.

Il se lance donc vers 1665 dans le *Tractatus* et, à l'évidence, force l'allure puisqu'il le terminera, à l'introduction près, en 1668. Trois ans pour une telle somme, cela a un prix, car même chez Benoît la capacité de travail n'est pas extensible à l'infini. Hormis les réflexions rédigées pour son *Apologie* dans les mois qui ont suivi le *herem*, il ne dispose pas, comme tout auteur professionnel, d'un stock de fiches et de textes divers à réutiliser, du moins pour la partie politique de l'ouvrage. Autant les témoignages et sa correspondance montrent une réflexion quotidienne sur les thèmes de l'*Éthique*, autant rien ne transparaît d'hypothétiques travaux de philosophie politique. Ou alors prisonnier de son complexe de persécution, craintif au point d'occulter de tels sujets même avec ses disciples par peur des « grandes oreilles », il a accumulé sans le dire notes, griffonnages, synthèses de lecture et n'a plus qu'à les rassembler au moment de s'installer à sa table.

C'est peu probable, car Benoît a beau être retors et dissimulateur, il ne laisse affleurer aucune trace d'un tel travail préalable dans ses lettres. D'ailleurs la baisse brutale de son tonus épistolaire entre 1665 et 1669 peut aussi s'expliquer par l'effort qu'exige la rédaction du *Tractatus*. Certes Spinoza n'est pas Balzac et il n'écrit pas, obsédé par une date butoir, mais s'il a décidé de peser sur le débat collectif, il ne peut qu'être prisonnier comme tous les publicistes, fussent-ils de moindre envergure, d'une seule contrainte : l'urgence. S'il pense, comme il l'écrit, que « non seulement on peut accorder la liberté de pensée tout en maintenant la piété et la tranquillité de l'intérêt général, mais encore qu'elle ne peut être supprimée qu'aux dépens de la tranquillité de l'État et de la piété elle-même », il veut frapper fort et vite. Comment ne serait-il pas sensible à la sourde rumeur qui vient d'Amsterdam, à une humeur collective de moins en moins tolérante, aux incartades des intégristes de tous acabits, aux manœuvres du stathouder? Tout cela aboutira trois ans plus tard, nous le savons, à l'assassinat du grand pensionnaire. Nul n'imagine en 1667 une telle issue, mais, perspicace, Benoît a compris que l'affrontement est en marche, moral, religieux et naturellement politique.

De là l'amertume et l'agressivité de l'introduction, la multiplicité des notations acerbes dans le cœur de l'ouvrage, la tonalité violente et parfois méphistophélique. Ce Spinoza-là n'est pas tendre, même si l'intensité conceptuelle sert, en l'occurrence, de tamis à sa violence. C'est une facette du personnage qui ne doit pas surprendre.

L'image traditionnelle d'un Spinoza doux, paisible, toujours gentil ne colle pas à celle du révolté contre la synagogue. Or ce tempérament-là, granitique et agressif, n'a évidemment pas disparu. Il sommeille et refait brutalement surface. Dans le *Tractatus*, comme dans sa correspondance. Certes, souvent il préfère briser un dialogue plutôt que de rompre des lances. Ainsi avec Blyenbergh : « Je vois que nous pensons de manière différente, non seulement sur les conséquences éloignées qui se tirent des premiers principes mais sur les principes eux-mêmes. Dès lors, je ne crois plus qu'un échange de lettres puisse servir à nous instruire mutuellement. » Puisque « [ses] arguments sont uniquement prétexte à dérision et à raillerie, sans aucun profit pour personne », il en tire les conclusions : « L'idée m'est donc venue, et elle continue de s'imposer à mon esprit, que mes lettres ne sauraient vous être d'aucun profit. En ce cas, il vaudrait bien mieux que je ne néglige pas mes travaux pour une occupation aussi vaine. »

Mais parfois la violence contenue explose. Comme les choses ne s'arrangent guère avec l'âge — pas plus pour Spinoza que pour quiconque — nous en aurons quelques années plus tard une preuve avec son incroyable lettre au jeune Burgh. Celui-ci ne manque pas, il est vrai, d'insolence : « Qu'est-ce que toute votre philosophie ? Une illusion pure, une chimère. Votre doctrine, prétendez-vous, est la vraie philosophie. D'où vient cette assurance qu'elle l'emporte sur les philosophies déjà établies ou celles qui peuvent l'être un jour ? [...] Mais si vous ne croyez pas au Christ, vous êtes plus à plaindre que je ne saurais dire. [...] Si vous refusez la pitié de Dieu et de votre prochain, ayez alors vous-même pitié de votre misère. [...] Repentez-vous, philosophe, reconnaissez votre sage déraison et votre déraisonnable sagesse. [...] Ne vous obstinez plus : car, si vous repoussez l'appel de Dieu, sa miséricorde vous abandonnera et vous livrera en victime impuissante à la colère dévorante de sa justice... » (11 novembre 1675).

Spinoza n'a pas l'habitude qu'on s'adresse à lui sur ce ton. Aussi ne résiste-t-il pas, cette fois, à la passion et laisse-t-il aller sa plume, comme il l'a fait cinq ans plus tôt, dans certains passages du *Tractatus*. Il met en charpie Burgh, lui reproche sa conversion au catholicisme, lui fait grief de l'avoir abusé quand il était son élève et se laisse emporter par les injures : « Et c'est ma philosophie, que vous n'avez jamais vue de près, que vous traitez de chimère ! Jeune égaré, qui donc a pu vous fasciner au point de vous faire croire que vous avez avalé l'Être suprême et éternel, et que vous le possédez dans vos entrailles ? [...] Laissez donc cette mauvaise superstition, reconnaissez la raison que Dieu vous a donnée et cultivez-la si vous ne voulez pas compter parmi les brutes. [...] Ne confondez pas honteusement ce que nous ne connaissons pas ou ce que nous n'avons pas encore découvert avec ce dont l'absurdité est établie. » Et la chute témoigne d'un absolu mépris : « Si vous voulez bien surtout examiner l'histoire de l'Église dont vous semblez être très ignorant, pour voir combien d'erreurs sont contenues dans les livres pontificaux, et par quel destin, par quelles machinations, le pontife romain a conquis, six cents ans après la naissance du Christ, le commandement de l'Église, je ne doute pas que vous ne reveniez à vous-même. Je souhaite de tout cœur qu'il en soit ainsi. Adieu. » Burgh est-il insulté comme porte-parole du pape, ou comme un spinoziste relaps ? Les deux. Mais ce Spinoza-là n'a rien de commun avec le paisible correspondant d'Oldenburg. C'est la même violence contenue qui affleure dans le *Tractatus* et en a fait, pour une large part, le succès au moment de sa publication.

Certes, le Spinoza hypocrite n'a pas disparu quand il rédige son traité. Ainsi maintient-il un silence assourdissant sur le Nouveau Testament, alors qu'il dissèque l'Ancien avec une froideur de chirurgien. De même en rajoute-t-il dans l'éloge d'Amsterdam, alors même qu'il est inquiet pour la pérennité des libertés au sein de la République bourgeoise. Mais cette fois, ce ne sont que des résidus de prudence. Le Spinoza colérique a, enfin, pris l'ascendant sur le Spinoza couard.

Jean de Witt sait-il que le « Juif de Voorburg » est en train de préparer un traité qui plaide en faveur de thèses proches des siennes : le refus de l'intégrisme religieux ; la liberté comme principe fondateur de la société ? Beaucoup l'ont affirmé mais aucune preuve n'existe, pas davantage qu'à propos des contacts que l'un et l'autre auraient entretenus. Si le grand pensionnaire est au courant, il ne peut qu'encourager l'entreprise. Enfin une voix autorisée pour prendre, sur le mode philosophique, son parti !

Pourtant, ce soutien implicite ne suffit pas à rassurer Spinoza. Il se décide pour une publication anonyme. Le voilà qui se rend à Amsterdam pour organiser les choses. Spinoza voyageur ? Certes, mais seulement de Voorburg à Amsterdam ! Après des années de réclusion, il ne prend sans doute pas la route sans appréhension. Crainte du voyage et inquiétude à la perspective des subterfuges qu'impose l'anonymat ; peur de la diligence et des haltes dans des auberges où ne se côtoient que des inconnus ; recul devant le retour dans cette ville à laquelle le lie une relation d'amour-haine ; narcissisme d'auteur qui se prive, par le choix même de l'anonymat, du plaisir de la gloire et de la reconnaissance.

Benoît ne peut qu'être déstabilisé lorsqu'il rejoint la Nouvelle Jérusalem des juifs, qui n'est plus désormais, pour lui l'excommunié, qu'une capitale politique et économique. Il traite comme précédemment avec le meilleur éditeur de la place, Jan Rieuwertsz, proche des milieux sociniens et des collégiants, donc libéral, et qu'il connaît de longue date. Celui-ci fait imprimer le livre chez Christoffel Conrad sur l'Egelantiersgracht. Il en existe quatre tirages qui portent tous la date de 1670 sur la page de garde, mais trois ne sont que des réimpressions ; quant au premier, il a été corrigé par Spinoza lui-même alors qu'il habitait encore Voorburg. Afin d'assurer le « camouflage », il est indiqué que le livre a été imprimé à Hambourg chez Henri Conrad, cousin de Christoffel Conrad, le véritable éditeur. Plus étonnant, le même subterfuge sera employé après la mort de Spinoza pour la traduction hollandaise du *Tractatus*, publiée certes de manière non anonyme, mais avec pour indication d'origine un éditeur fictif de Brême.

En tout cas, à défaut d'être un coup d'essai, le *Tractatus* est un coup de maître. Spinoza a réussi ce qui serait, en matière de communication moderne, une martingale. L'anonymat, le blasphème, le triomphe... Le premier fabrique l'excitation, le second suscite l'intérêt, le troisième est donc acquis. Mais cette gloire est brûlante ; elle consume ceux qui l'approche. Même Colerus se sent obligé, trente ans plus tard, de s'abriter derrière des contemporains pour aborder le *Tractatus*.

L'un, Spitzelius, n'y va pas de main-morte : « Cet auteur impie [Spinoza], par une présomption prodigieuse qui l'aveuglait, a poussé l'impudence et l'impiété jusqu'à soutenir que les prophéties ne sont fondées que sur l'imagination des Prophètes, qu'ils étaient sujets à illusion, aussi bien que les Apôtres, et que les uns et les autres avaient écrit naturellement, suivant leurs propres lumières, sans aucune révélation ni ordre de Dieu. » Qu'y a-t-il en effet de plus provocant pour l'époque ? Par comparaison, deux siècles plus tard, la *Vie de Jésus* de Renan est un livre à l'eau de rose.

Quant au second témoin, Blyenbergh, il n'est pas suspect d'hostilité à l'égard de Benoît, puisque c'est — Colerus le rappelle — l'un de ses plus fidèles correspondants. Or il se sent obligé d'écrire dans sa *Vérité de la religion chrétienne*, publiée en 1674, que le *Tractatus* est « un livre rempli de découvertes curieuses mais abominables, dont la science et les recherches ne peuvent avoir été puisées qu'en Enfer. Il n'y a point de Chrétien, ni même d'homme de bon sens qui ne doive avoir un tel livre en horreur : l'Auteur tâche d'y ruiner la Religion Chrétienne et toutes nos espérances qui en dépendent. »

Une fois à l'abri de ces deux témoignages, Colerus réussit un numéro d'hypocrisie digne des meilleurs maîtres jésuites. Lui qui écrit la première biographie de Spinoza, quasi sulpicienne dans l'adulation, diffusant l'image d'un génie délicat et modeste, ne trouve aucun intérêt au principal ouvrage publié, de son vivant, par son héros : « Je dois ajouter que j'ai lu avec application ce livre de Spinoza depuis le commencement jusqu'à la fin ; mais je puis en même temps protester devant Dieu de n'y avoir rien trouvé de solide, ni qui fut capable de m'inquiéter le moins du monde dans la profession que je fais de croire aux Vérités Évangéliques... » Spinoza insignifiant ! Cela sent la plaidoirie fade d'un avocat de province commis d'office. À ceci près que l'avocat s'est désigné lui-même et qu'il est le principal admirateur du coupable.

L'éditeur a-t-il adressé, pour brouiller les pistes, l'essentiel du tirage à l'étranger ? Toujours est-il que le livre suscite, en dehors de la Hollande, les premières réactions. Dès le 8 mai 1670 un professeur allemand, Jacobus Thomasius, publie un long exposé contre « un anonyme sur la liberté de philosopher ». Le 1er juin 1670, un autre Allemand, Friedrich Rappolt, tient un discours public à Leipzig contre les « naturalistes ». La cabale met un mois à revenir vers la Hollande. Ce n'est que le 30 juin que le consistoire d'Amsterdam rappelle qu'il ne faut pas « perdre de vue les audaces du papisme, les sociniens et la liberté excessive prise par les imprimeurs, en particulier le livre pernicieux appelé *Tractatus theologico-politicus*. Quant à l'auteur, il est vite percé à jour, puisque dès août 1670 le pasteur Melchior s'en prend à l'ouvrage, en désignant l'auteur anonyme sous le nom de Zinospa et en indiquant qu'il a déjà écrit un livre sur la philosophie de Descartes.

Et Benoît, où en est-il dans ce maelström ? Peut-être, ce qui serait romanesque, a-t-il la tête ailleurs. C'est en effet le moment où se prépare le mariage à Amsterdam de son ancien « flirt », la fille de Van den Enden, Claudia Maria, avec l'ancien rival de Spinoza, Vierkering. La rumeur veut — mais nul n'a la moindre preuve — que notre philosophe aurait fait, treize ans plus tard, une nouvelle tentative, demandant en vain la main de la jeune fille. Ce serait merveilleux pour la légende : le plus grand iconoclaste du siècle, avec un cœur de midinette, rêvant en vain plus de dix ans d'une jeune fille et essayant, désespéré, de la reconquérir avant son mariage avec un rival abhorré ! Du *Tractatus* à la collection Harlequin... Possible, mais peu probable.

Vis-à-vis de son œuvre, Spinoza est travaillé par des sentiments complexes, comme le sont tous les auteurs anonymes à succès. Mais il n'a pas la fermeté d'un Romain Gary refusant de lever le voile sur Ajar jusqu'à sa mort. D'un côté Benoît prend plaisir à jouer avec l'anonymat. Ainsi interrogé par le « très sage et très honoré Jacob Osten » sur son opinion vis-à-vis du *Traité théologico-politique*, il répond soigneusement : « Monsieur, ayant trouvé enfin un peu de temps libre, je me suis décidé à vous satisfaire immédiatement et à répondre à votre demande. Vous voulez que je vous donne mon avis sur le livre intitulé : *Discours théologico-politique* ; je veux bien le faire selon le temps dont je dispose et dans la mesure de mon pouvoir. » Il pousse ensuite l'amusement jusqu'à écrire : « Quelle est l'origine de cet homme, ou bien quel est son principe de vie, je l'ignore. » Mais, remords ou volonté de camouflage au deuxième degré, il ajoute : « Il n'importe pas de le savoir. »

Ne laissant rien au hasard et ne voulant pas dévaloriser son double, il précise : « Son livre est la preuve suffisante qu'il n'a pas l'esprit étroit et qu'il n'est ni superficiel ni rapide dans cette étude sur les controverses qui agitent les chrétiens d'Europe. » C'est bien le moins... Suit un Spinoza par Spinoza qui lui permet, sans l'avouer, de jeter bas le masque et d'asséner une conclusion en guise de défi : « Voilà, Monsieur, le résumé de la doctrine du *Tractatus theologico-politicus* : à mon sens elle détruit tout culte, toute religion et elle en renverse tous les fondements ; elle introduit subrepticement l'athéisme ou pose un Dieu tel que les hommes ne peuvent ressentir le respect de la divinité. [...] On voit, du moins clairement par cet écrit, que la méthode et les arguments de l'auteur ruinent toute autorité de l'Écriture et qu'il n'en est fait mention que pour la forme. »

Et les derniers mots sonnent comme une provocation : « Je pense ne m'être pas trop écarté de la vérité et n'avoir pas causé de tort à l'auteur en dénonçant que, par des arguments voilés et disséminés, c'est le pur athéisme qu'il enseigne. » Il y a, dans ce jeu de miroirs, bien du narcissisme, de la perversité et sans doute de l'amusement.

Mais d'un autre côté, l'anonymat pèse sur les épaules de Benoît. Le 25 janvier 1671, il joue certes cette comédie vis-à-vis de Jacob Osten, mais le 17 février 1671, il reconnaît volontiers vis-à-vis de son cher Jarrig Jelles, être l'auteur du *Tractatus*, tout en souhaitant qu'une hypothétique traduction hollandaise ne soit pas publiée : « Lors d'une visite récente, le professeur N.N. m'a raconté, entre autres choses, qu'il avait entendu parler d'une traduction hollandaise de mon *Tractatus theologico-politicus*... Je vous prie donc instamment de vous renseigner avec soin sur cette affaire et d'empêcher l'impression s'il est possible. Ce n'est pas moi seulement qui le demande, beaucoup de mes amis et connaissances se joignent à moi ; ils verraient avec peine que ce livre fût interdit, ce qui arriverait sans doute s'il est publié en hollandais. » Jelles est un disciple : Benoît peut espérer qu'il saura garder le secret, encore qu'il ne le lui demande pas. Mais en fait, il ne résiste pas au fumet de la gloire, du moins dans son milieu intellectuel. Et quelques mois plus tard, le 9 novembre 1671, il n'hésite pas à ajouter en post-scriptum à une lettre autrement plus importante, esquisse d'un dialogue au sommet avec le « Très cultivé et très noble Godefroy Leibniz » : « Au cas où le *Tractatus theologico-politicus* ne serait pas encore en votre possession, je vous l'enverrai si cela peut vous être agréable. » Entre divas, on assure soi-même son service de presse.

Paradoxal Spinoza ! La peur de l'interdiction le taraude, alors qu'à Amsterdam en 1671 celle-ci ne prête guère à conséquence. Aussi renonce-t-il à une traduction hollandaise qui lui assurerait un large public. Mais vis-à-vis des esprits de son rang, il ne veut pas être dépossédé de la renommée que doit lui valoir, à ses yeux, le *Tractatus* ; il en reconnaît donc la paternité. Pleutre et arrogant, narcissique et ironique, autoritaire et humble : l'âme de Spinoza est un vrai labyrinthe et, lorsqu'il devient, à partir de 1671, un maître à penser en majesté, elle ne gagne pas en limpidité.

VII

LE MAÎTRE EN MAJESTÉ

Nouveau livre, nouvelle étape, nouvelle villégiature. De même que la publication des *Principes de M. Descartes* est concomitante du déménagement de Spinoza de Rijnburg à Voorburg, la mise en circulation du *Tractatus* correspond à son installation à La Haye. Ce n'est pas un hasard. Pour quelqu'un porté à mener une vie de reclus, le choix d'un domicile n'est pas accessoire. Il marque, consciemment ou inconsciemment, une intention. Rijnburg : l'exil après le *herem* ; Voorburg : un lieu idéal pour la période la plus intense de travail intellectuel, abordable par les disciples mais suffisamment protégé ; La Haye : le retour au cœur de la vie sociale.

Spinoza s'apprête à régner. La logique aurait voulu que, dans cet esprit, il revienne à Amsterdam. Mais expression, s'il en était besoin, du traumatisme silencieux qu'a représenté l'excommunication, il préfère ne pas se trouver au contact de son passé, donc de sa famille et de son ancienne communauté. La Haye représente pour lui un substitut, avec les avantages d'une vraie ville : les contacts, l'atmosphère, l'électricité ambiante. Le voilà au plus près de ses disciples. Il se loge d'abord sur le Veerkay chez la veuve Van Velden, occupant un appartement dont Colerus deviendra à son tour locataire. Mais le loyer étant, à ses yeux, trop élevé, il se met en quête d'un logement moins dispendieux et s'installe en mai 1671 sur le Paviljœngracht, chez le maître peintre — une fatalité chez les logeurs de Spinoza — Hendrik Van der Spyck. Marié, jeune, peintre d'intérieur prêt à se commettre dans le portrait, assez aisé sur le plan matériel, c'était un propriétaire parfait.

Pour quatre-vingts florins par an, Benoît lui loue deux chambres, l'une, grande, donnant sur l'arrière de la maison, destinée à lui servir de bureau-bibliothèque-atelier d'optique, l'autre petite, s'ouvrant sur le devant, avec, pour tout meuble, le lit-armoire qu'il avait emporté pour solde de tout compte du domicile paternel. Comme Rijnburg, le gourbis de la Paviljœngracht est aujourd'hui une étape obligée pour les pèlerins spinozistes. À l'instar de la promenade des aubépines en fleur pour les proustiens en goguette à Illiers ou du pèlerinage, à Médan, des « amis d'Émile Zola » descendant du train au pied de la maison et faisant l'ascension de la colline à défaut d'accomplir celle du Golgotha... Mais le spinozisme est trop éthéré pour se prêter à de telles manifestations affectives. Peu, parmi les émules lointains de Benoît, s'imposent en 1999 le circuit obligé : manteau troué au musée de la Grande Synagogue, Rijnburg, Paviljœngracht...

Le voilà donc dans son micro-univers, une table en chêne pour bureau, une table d'angle à trois pieds, deux établis de menuisier transformés en atelier d'optique, dont un chargé d'une meule, d'outils et d'une mer de lentilles, une vieille malle et au mur un seul portrait dans un cadre noir représentant sans doute son père. Enfin, une simple armoire en sapin à cinq rayons en guise de bibliothèque.

La « bibliothèque de Spinoza », ce pourrait être l'objet d'un véritable mythe : comment imaginer autre chose qu'un amoncellement de livres, des rayonnages, des échelles de menuisier pour atteindre les ouvrages les plus haut placés, des mètres de reliures toutes plus usées les unes que les autres à force d'être consultées, un paradis de l'esprit à mi-distance entre la bibliothèque de Beste-gui et la tour d'angle de Montaigne ? La vérité est plus prosaïque : un meuble banal, cinq mètres au plus de lignage et un répertoire des plus restreints.

Avec la manière hollandaise de ne rien laisser au hasard, un inventaire exhaustif a été dressé, à la mort de Benoît, de ses rares biens. « Premièrement un lit, un traversin, deux oreillers et deux couvertures de lit, puis une paire de rideaux et un rabat en drap rouge avec une courtepointe en drap. Item encore sept chemises telles qu'elles sont [...] Un moulin à émoudre avec plusieurs instruments pour polir des verres de lunettes et une armoire dans laquelle se trouvent plusieurs livres. Enfin une culotte et un habit turcs et une culotte et un habit en drap, et un manteau turc de couleur. » Une armoire dans laquelle se trouvent plusieurs livres : qu'il est loin le fantasme de la bibliothèque spinoziste ! C'est à partir des ouvrages amassés dans cette armoire de boulanger ou de menuisier qu'a travaillé Benoît. Y a-t-il plus belle image d'Épinal que le contraste entre ce meuble-bibliothèque de médiocre extraction et la pensée révolutionnaire qui l'a fréquenté !

Quant à l'inventaire des livres eux-mêmes, il est à l'avenant du meuble-bibliothèque. Peu nombreux, peu prestigieux sauf exceptions, tous publiés dans de piètres éditions. De quoi un bibliophile aurait-il fait son miel ? De la grande édition de la Bible de Buxtorf, peut-être, en deux puissants in-folio ; du dictionnaire hébreu-chaldéen du juif converti Philippe d'Aqueso ; du *Guide des égarés* de Maimonide ; ou d'une traduction de Flavius Josèphe ? Figurent aussi à l'inventaire les *Institutions* de Calvin, un ouvrage de Grotius, quelques livres sur la Cabale, des grammaires, des dictionnaires.

Bizarrement les livres d'astronomie, de mathématiques et de physique constituent une collection plus complète que les ouvrages philosophiques, comme si Spinoza avait besoin de références dans un domaine où il n'était qu'érudit, alors qu'en revanche il pouvait se dispenser de sources dans sa matière d'élection. Pour la politique et le droit : Machiavel, un seul livre de Hobbes, le *De Utopia* de Thomas More et guère plus. En philosophie, à peine quelques ouvrages : la seule *Rhétorique* d'Aristote ; les *Sermones fideles* de Bacon ; quelques éléments de logique et en revanche, aveu involontaire de connivence, un ensemble assez complet des œuvres de Descartes en maintes éditions et traductions.

Quant aux diverses références culturelles de Spinoza, elles ne sont guère explicites à suivre l'inventaire et ne lui donnent pas une allure très cosmopolite. De la littérature portugaise, rien ! De la production hollandaise, de rares témoignages, quelques manuels scolaires. L'Espagne est certes mieux représentée : Cervantès, Góngora, Quevedo, et une grammaire. Un seul livre italien et une maigre représentation française : le dictionnaire de Jean Nicot, un livre de logique et un récit de voyages. En tout le meuble porte ce que ses cinq rayonnages peuvent contenir : moins d'une centaine d'ouvrages !

C'est la bibliothèque d'un bourgeois hollandais, plutôt porté vers les disciplines scientifiques, assez lettré et guère philosophe : elle représente, en réalité, l' « antibibliothèque » du grand Spinoza. Sans doute ses disciples et ses amis lui prêtaient-ils les quelques ouvrages dont il avait un besoin pressant, mais ce pis-aller témoigne a contrario du fait que Benoît travaillait peu à partir de sources extérieures. Ce n'était pas, à l'évidence, un « intellectuel à fiches », notant, recopiant, commentant et se nourrissant de la pensée des autres, avant de se jeter à l'eau. Tout le savoir de Spinoza pourrait-il sinon reposer dans une modeste armoire à cinq planches ?

L'inventaire du notaire Guillaume Van Hove constitue, à sa manière, une réfutation de toutes les théories qui voient dans Spinoza un écrivain « à double hélice », commentant la philosophie de ses prédécesseurs, se nourrissant de la cabale, des philosophes arabes, du lignage intellectuel espagnol et écrivant entre les lignes une autre œuvre, elle mystérieuse, venue de nulle part, sans préhistoire ni archéologie. Car la bibliothèque de Benoît est trop pauvre pour être celle d'un commentateur. Elle participe d'un humus intellectuel ; elle témoigne d'un climat culturel ; elle ne fonde pas une recherche. Spinoza vient de Spinoza et de nul autre.

Chez les Van der Spyck, au milieu des bruits et des cris — ils ont sept enfants —, au cœur de cette maison petite et médiocre, Spinoza s'est réinstallé dans le mode de vie qui est le sien : écriture, polissage, rencontres, dialogues et correspondance. Aussi aimable avec ses nouveaux hôtes qu'il le fut avec les précédents. Aussi disponible à leur égard qu'il est irascible avec des disciples décevants. Aussi ascète dans son mode de vie qu'il l'est depuis quinze ans. Aussi fermé, aussi narcissique, aussi autiste. Multiplie-t-il comme autrefois les combats d'araignées pour se distraire ? Rêve-t-il à nouveau d'un Brésilien ? Fantasme-t-il ? Éternelles questions sans réponse.

Mais le Spinoza de La Haye n'est plus celui de Voorburg ni a fortiori celui de Rijnburg ; il est l'auteur du *Tractatus*. Vilipendé par les uns ; encensé par les autres. Haï mais craint. Détesté mais reconnu. Il ne peut plus et sans doute ne veut plus jouer les moines-philosophes. Désormais il appartient à la vie de la cité. S'il essayait de la fuir, celle-ci le rattraperait. A-t-il senti venir l'orage en 1672 ? A-t-il deviné que, suivant les règles classiques de la vie politique, le moment était venu de trouver un bouc émissaire ? A-t-il compris que Jean de Witt serait la victime de l'invasion de son pays ? Spinoza l'a-t-il rencontré ces derniers mois ? A-t-il reçu ses confidences, perçu une inquiétude, deviné une lassitude ? Peu probable.

Aussi est-ce avec stupeur qu'il apprend le 21 juin, comme tous les habitants de la ville, le guet-apens monté par quatre sicaires contre le grand pensionnaire. Celui-ci survit aux coups de poignard. Mais le 20 août, à peine remis de ses blessures, il est extrait de la prison du Gevangen Poort par la populace de La Haye et massacré, en même temps que son frère, par une foule ivre de fureur et de sang. Pour une fois, Spinoza réagit à un événement et ne se terre pas. Il rédige un texte pamphlétaire, stigmatise les assassins du terme de « misérables barbares » et veut, vers minuit, aller le placarder sur les lieux du meurtre. Plus lucide, plus raisonnable, Van der Spyck verrouille la porte pour empêcher Benoît de faire cette folie et celui-ci renonce. Mais notre homme, ce qui est rare, est bouleversé ; il pleure même, à en croire Lucas : « C'est dans cet esprit qu'il versa des larmes, lorsqu'il vit ses concitoyens déchirer leur père commun ; et quoiqu'il sût mieux qu'aucun homme du monde de quoi les hommes sont capables, il ne laissa pas de frémir à l'aspect de cet affreux et cruel spectacle. D'un côté, il voyait commettre un parricide sans exemple et une ingratitude extrême ; de l'autre, il se voyait privé d'un illustre Mécène et du seul appui qui lui restait. »

Spinoza qui pleure, qui rédige, de rage, une épître, qui veut aller la placarder au nez et à la barbe de la foule avinée ; Spinoza qui oublie sa prudence ; Spinoza le peureux qui pousse l'audace jusqu'à l'absurdité ; Spinoza le cérébral qui ne résiste pas à son propre mouvement ; Spinoza le rationnel qui se laisse guider par l'irrationalité. Voilà un Benoît inattendu, propre à surprendre et à émouvoir. C'est le premier mouvement de cœur qu'en dehors de ses rêves d'adolescent énamouré, il laisse apparaître, mais ce sera le seul que nous lui connaîtrons.

La prudence de Van der Spyck est bienvenue. Suivant les vieilles traditions propres aux émeutes sanglantes, s'ouvre en effet la chasse aux complices. Rien de mieux, dans cet esprit, que l'examen de la bibliothèque des traîtres. Ainsi est publié un « appendice du catalogue des livres de M. Jan de Witt composé d'un lot de manuscrits curieux et secrets », avant que ceux-ci soient vendus au titre de la liquidation, elle aussi traditionnelle, du patrimoine des coupables. On y lit sous le numéro 33 : « *Tractatus theologico-politicus* : Forgé en compagnie du Diable en enfer par le juif renégat et édité au su de M. Jan et de ses complices. » Le « juif renégat » : inutile même de le nommer, comme si, dans toute la Hollande, chacun savait qui se cache derrière le vocable ! Certes, une nouvelle version se veut, à toutes fins utiles, plus explicite : « *Tractatus theologico-politicus* : Sorti de l'enfer par le juif renégat Spinoza, où il est exposé, à la mode scandaleuse des athées, que la parole de Dieu doit être expliquée et comprise grâce à la philosophie, lequel a été imprimé publiquement au su de M. Jan. »

Spinoza ne peut que se sentir menacé. Lui qui a cru se mettre à l'abri de la vindicte populaire en s'abritant derrière un illusoire anonymat, le voilà en première ligne. La réaction la plus naturelle, en rien déshonorante, aurait été l'exil. Benoît ne se résout pas à cette solution si logique pour un philosophe persécuté. Pusillanime souvent mais à l'occasion courageux... L'occasion d'un départ lui en est pourtant donnée, et de la manière la plus éclatante.

Peu de temps après l'émeute, le 16 février 1673, il reçoit une lettre de Louis Fabritius, professeur à l'académie de Heidelberg et conseiller de l'Électeur palatin, adressée au « Très célèbre et très profond philosophe B. de Spinoza » : « Le Sérénissime Électeur Palatin, mon très gracieux Seigneur, m'a chargé de vous demander (je ne vous connais pas encore, mais vous êtes très recommandé au Prince) si vous accepteriez une chaire de philosophie dans son illustre Académie... Vous ne trouverez nulle part un Prince plus favorable aux esprits supérieurs, et il vous range parmi eux. Vous aurez la plus grande liberté de philosopher, liberté dont le Prince croit que vous n'abuserez pas pour troubler la religion officiellement établie... J'ajouterai que, si vous venez ici, vous aurez, à moins d'événements contraires à mes prévisions, une vie agréable et digne d'un philosophe. »

Depuis vingt-deux ans, Charles Louis, l'Électeur palatin, cherchait à attirer à l'université de Heidelberg qu'il avait créée les meilleurs esprits du temps. Aussi est-il sensible aux propos d'un Français, Urbain Chevreau, qui raconte : « J'ai dit beaucoup de bien de Spinoza, bien que je ne connusse encore de ce Juif protestant [*sic !*] que ses *Principes de la philosophie cartésienne*, imprimés à Amsterdam chez Jan Rieuwertsz en 1663. Le Prince possédait cet ouvrage et après que je lui en eus lu plusieurs chapitres, il décida de faire appel à lui pour enseigner la philosophie à Heidelberg. » Tout devrait pousser Benoît à accepter : la quiétude, la notoriété à laquelle il n'est pas, malgré les apparences, indifférent, la qualité de l'environnement. Et pourtant il refuse.

Le 30 mars, il répond à Fabritius : « Je n'ai jamais été tenté par l'enseignement en public. » Le dialogue socratique : oui ; l'influence sur des disciples : à coup sûr ; l'enseignement en chaire : non. « Je pense, en premier lieu, que je devrais renoncer à poursuivre mes travaux philosophiques si je me consacrais à l'enseignement de la jeunesse ». Étrange conception qui nie tout lien entre la pédagogie et la recherche. Mais surtout : « J'ignore dans quelles limites ma liberté de philosopher devrait être contenue pour que je ne parusse pas vouloir troubler la religion établie. » Spinoza a reçu « cinq sur cinq » le message. Ce n'est qu'une liberté sous tutelle qu'on lui offre. Autant, dans ce cas-là, s'en tenir à sa situation actuelle. Il l'avoue tout de go : « La dissension religieuse, en effet, provient moins d'un zèle religieux ardent que des passions diverses ou de l'amour de la contradiction qui détourne de leur sens et condamne toutes les paroles, même quand elles sont l'expression d'une pensée droite. Je l'ai déjà éprouvé dans ma vie solitaire et privée, et cela serait bien plus à craindre si je m'élevais à ce degré de dignité. »

Au fond, Benoît sait qu'au niveau de profondeur philosophique qui est le sien, toute position officielle serait génératrice de conflits. Il risque l'incompréhension et celle-ci ne peut que conduire à des incidents permanents. Mieux vaut demeurer un exilé de l'intérieur dans une Hollande qui, passé son moment de folie, retrouve un climat de relative tolérance. Spinoza a involontairement fait preuve de prescience historique. Un an plus tard, les Français mettent à feu et à sang le Palatinat, ferment l'université de Heidelberg, en chassent tous les professeurs et le pauvre Fabritius, le messager de l'Electeur, est obligé d'errer pendant plus de vingt ans d'exil en exil. Encore que la relation de Spinoza avec les Français l'aurait peut-être protégé de leur violence puisque, dans l'entre-temps, se glisse « l'incroyable, l'extraordinaire, l'abracadabrant » — comme aurait pu écrire Mme de Sévigné — épisode de la rencontre ratée avec le Grand Condé.

Utrecht s'est en effet rendu aux troupes françaises le 13 juin 1672 : le 27 juin, le duc de Luxembourg est nommé gouverneur et le lieutenant-colonel Stouppe commandant de la ville. Sous leur férule, l'occupation est rude; elle ne laisse guère de place au droit de la guerre. Razzias, pillages, extorsions de biens, assassinats, exécutions : la ville connaît le lot commun des occupations. C'est dans ce contexte-là que Spinoza va accepter l'invitation de Stouppe de rencontrer Condé, c'est-à-dire le chef d'une armée d'occupation. Nous ne sommes pas en 1940 et le voyage de Spinoza à Utrecht n'anticipe pas sur celui de Drieu la Rochelle à Berlin, mais même si comparaison n'est pas raison, le geste est plus que troublant. Pour les Hollandais, les Français sont des ennemis et la gloire personnelle de Condé n'y peut mais. Ce n'est pas une guerre en dentelles qui les oppose. Benoît se sent-il tellement peu hollandais qu'il est prêt à faire fi de ce contexte? L'assassinat du grand pensionnaire a-t-il fait de lui un ennemi de l'intérieur au point d'accepter de franchir la ligne de front? Le patriotisme lui est-il, à ce point, indifférent? Avec la disparition de De Witt, son attachement à cette République qu'il a tant vantée a-t-il disparu ? La victoire du stathouder lui fait-elle préférer l'ennemi à son propre camp ? Car c'est bien en territoire ennemi, à l'invitation d'un chef de guerre ennemi, que Spinoza va se rendre. On sera plus tard fusillé pour moins que cela.

Étonnant aventurier que ce Stouppe. Pasteur d'origine suisse, installé en Angleterre, il joua les agents secrets pour le compte de Cromwell auprès de Mazarin, avant de fuir Londres, au moment du rétablissement de la monarchie et de s'engager dans l'armée française dans un régiment de gardes suisses. Théologien, intellectuel et mercenaire, tel est l'individu avec son lot de paradoxes. Sa nomination comme gouverneur d'Utrecht nous en apprend beaucoup sur le Grand Condé. Même rentré dans le rang après la Fronde, celui-ci est demeuré frondeur de tempérament, jouant de sa réputation de chef de guerre pour en imposer à des « esprits forts », si éloignés de l'art militaire que les généraux n'ont aucun mal à les impressionner. Premier des capitaines, il est devenu le chef de file du camp libéral. Brillant et paradoxal, libéral par bravade plus que par tempérament, il est ce qu'on appelle aujourd'hui un « homme de coups ». Tout le pousse à multiplier les gestes les plus inattendus. Comme la décision de nommer un pasteur protestant à la tête d'une troupe d'occupation catholique, dans une ville, elle aussi, protestante.

Stouppe accueille donc son général en chef le 21 avril 1673 avec tous les honneurs dus à son rang et joue le commensal respectueux. C'est le même homme qui, dix jours plus tard, se voit interpellé par une lettre d'un « pasteur et professeur de théologie de Berne » : celui-ci lui fait grief, à lui protestant, de tirer contre son camp, et

Stouppe de ranger son épée, le temps de lui répondre par la plume en publiant *La Religion des Hollandais représentée par plusieurs lettres écrites par un Officier de l'armée du Roy à un Pasteur et Professeur en Théologie de Berne.*

Incroyable époque où les talents sont si partagés, les vies si multiples qu'un mercenaire peut jouer au pamphlétaire. Il le fait d'ailleurs avec brio, expliquant — c'est pour lui la meilleure manière de se justifier — que les Hollandais ont beau adhérer, en principe, au protestantisme, leur pays accueille toutes les religions et toutes les sectes : « des catholiques romains, des luthériens, des brownistes, des indépendants, des arminiens, des anabaptistes, des sociniens, des enthousiastes, des quakers ou trembleurs, des borelistes, des arméniens, des moscovites, des libertins, des juifs, des persans et une grande quantité de chercheurs qui ne savent pas à quel groupe ils appartiennent ». Donc le véritable dieu des Hollandais est ailleurs, c'est Mammon, c'est l'argent. Étonnante intuition qui lui permet de deviner comment, dans une société capitaliste, l'économie a l'ascendant sur tout y compris sur Dieu !

Et tout à sa tirade sur les bizarreries hollandaises, Stouppe fait entrer en scène Spinoza : « J'aurais l'impression de ne pas vous avoir parlé de toutes les religions de ce pays si je ne vous donnais pas quelques informations sur un homme célèbre et savant qui, à ce qu'on m'assure, a bon nombre de disciples qui sont très attachés à ses opinions. Il est né juif, s'appelle Spinoza et n'a ni abjuré la religion juive ni embrassé la religion chrétienne, aussi est-il très mauvais juif et ne vaut-il guère mieux comme chrétien. Il y a quelques années, il a rédigé un livre qui s'appelle le *Tractatus theologico-politicus* : le but essentiel semble en être de détruire toutes les religions, surtout la juive et la chrétienne et d'ouvrir la porte à l'athéisme, au libertinage et à la liberté pour toutes [...] Ce Spinoza donc vit dans ce pays. Il a habité quelque temps à La Haye où il recevait la visite de tous les esprits curieux, même de jeunes filles de bonne famille qui s'imaginent par leur intelligence être supérieures à leur sexe [*sic*]. [...] Parmi les théologiens de ce pays, il n'en est aucun qui ait osé s'élever contre les opinions que cet auteur professe dans son traité. [...] S'ils s'obstinent dans leur silence, on aurait le droit de prétendre ou bien qu'ils n'ont pas de foi, puisqu'ils laissent sans réponse un livre aussi pernicieux, ou bien qu'ils approuvent les opinions de cet auteur, ou bien encore qu'ils n'ont ni la force ni le courage de le combattre. »

Stouppe est un casuiste de première grandeur. Comment lui reprocher, à lui protestant, d'occuper un pays qui n'a de protestant que le nom et dont la mollesse théologique est si grande que personne n'ose réfuter les idées démoniaques d'un Spinoza ? Pourquoi ne se sentirait-il pas libre, dans ce contexte, de ses faits et gestes : combattre sous la bannière de Louis XIV ou proposer à Condé d'attirer à lui un personnage aussi sulfureux que notre Benoît ? Le nom de celui-ci n'était sans doute pas inconnu du prince. Peu de temps auparavant Spinoza avait en effet reçu la visite d'un des plus célèbres libertins français, Saint-Évremond qui, après la mort de Mazarin et l'arrestation de Fouquet, avait cru plus sage de prendre le large et de s'offrir un exil confortable plutôt que d'être embastillé. C'est naturellement dans les Provinces-Unies, refuge officiel pour tous les proscrits de l'époque, qu'il s'était installé : à en croire son biographe, Des Maizeaux, « il se fit un plaisir de voir quelques savants et quelques philosophes célèbres qui étaient alors à La Haye et particulièrement MM. Heinsius, Vossius et Spinoza ».

Tout laisse à penser que ce sont les lettres de Saint-Évremond, chef respecté du clan libertin, qui firent connaître en France le nom de Spinoza et que, très au contact de ces milieux mi-marginaux mi-institutionnels, Condé eut vent, de la sorte, de l'existence du *Tractatus* et de son auteur. Que Monsieur le Prince — puisque tel était le titre usuel de Condé — et Stouppe aient trouvé un intérêt à inviter Spinoza, rien de plus logique ! C'était une preuve de leur liberté d'esprit, un double pied de nez aussi bien vis-à-vis de Louis XIV qu'à l'égard des milieux protestants hollandais, et une habileté politique. Que Spinoza le pusillanime — au point de faire graver le mot CAUTE sur son sceau — ait accepté, c'est un mystère. Pour lui, Stouppe n'était pas un schizophrène mi-théologien mi-militaire ; il représentait l'occupant. Et Condé, malgré sa gloire, incarnait la volte-face de la France devenue le principal ennemi des Provinces-Unies.

Comment s'est noué le dialogue entre Stouppe et Spinoza ? Par quelles voies le gouverneur militaire d'Utrecht a-t-il pris contact avec Benoît ? De quelle manière l'a-t-il convaincu ? On ne communiquait pas aisément d'un côté à l'autre de la ligne de front : quel messager a-t-il acheminé les lettres et leurs réponses ? Impossible d'imaginer Spinoza se décidant au vu d'un message mystérieux, parvenu jusqu'à lui par des chemins imprévisibles, peut-être faux et susceptible de le piéger et de le déconsidérer. Si, pour un gentilhomme accoutumé aux cavalcades, aux duels et aux grands espaces, aller de La Haye à Utrecht en zigzaguant entre les régiments des deux camps représentait un défi raisonnable, c'était, pour un philosophe habitué à voyager autour de sa chambre, une épopée. Colerus prétend que Benoît a disposé d'un laissez-passer. Certes, mais celui-ci n'a pu que lui être fourni à l'entrée de la zone occupée par les Français : de là la nécessité d'une organisation minutieuse, donc de rendez-vous, de complicités, de relais.

Chaque complication à surmonter rend le geste de Spinoza moins anodin, plus réfléchi, plus significatif. Les Sherlock Holmes du spinozisme ont retrouvé la trace d'un certain Booth qui aurait fait le trajet pour son propre compte, serait allé à La Haye, aurait même séjourné chez un parent à l'angle du Burgwal et du Paviljœngracht et aurait peut-être servi d'intermédiaire entre Stouppe et Spinoza. Celui-ci, en tout cas, prend la route et parvient en juillet à Utrecht. Mais, à en croire Lucas, « un ordre du Roi de France ayant appelé Monsieur le Prince ailleurs, c'est M. de Luxembourg qui le reçut en son absence, lui fit mille caresses et l'assura de la bienveillance de Son Altesse ». Le même Lucas prétend que Condé ne renonçait pas à rencontrer notre héros : « Monsieur le Prince, qui voulait le voir, mandait souvent qu'il l'attendît. Les curieux qui l'aimaient, et qui trouvaient toujours en lui de nouveaux sujets de l'aimer, étaient ravis que Son Altesse l'obligeât à l'attendre. » Voilà Spinoza heureux de faire antichambre, de mener une vie mondaine de garnison et, toujours selon Lucas, d'en devenir un personnage clef. « Cette foule de courtisans n'étonna point notre philosophe. Il avait une politesse plus approchante de la cour que d'une ville de commerce à laquelle il devait sa naissance et dont on peut dire qu'il n'avait ni les défauts ni les vices. » Que Spinoza ait l'intelligence, s'il le veut, de jouer les courtisans, certes. Qu'il y prenne goût, c'est plus surprenant... Au moins a-t-il le sens des convenances. Benoît ne peut faire sa cour qu'au Grand Condé. C'est lui qu'il veut voir et personne d'autre. « Après quelques semaines, Monsieur le Prince ayant mandé qu'il ne pouvait retourner à Utrecht, tous les curieux d'entre les Français en eurent du chagrin ; car, malgré les offres obligeantes que lui fit Monsieur de Luxembourg, notre philosophe prit aussitôt congé d'eux et s'en retourna à La Haye. »

Pourquoi autant d'acharnement pour voir Condé ? Qu'attendait-il de lui ? Privé de la bienveillance lointaine du grand pensionnaire, Spinoza éprouvait-il le besoin de retrouver un mentor, un protecteur ou un « parrain », fût-il issu du camp ennemi, et symbole, non du libéralisme hollandais, mais de l'arrogance absolutiste des Français ? Cette escapade incompréhensible laisse des traces. Les unes dans l'imaginaire, puisqu'une légende se répandit dont Massillon se fit l'écho, selon laquelle Spinoza se serait rendu à Paris : « J'ai ouï dire que Spinoza est mort de la peur qu'il avait eue d'être mis à la Bastille. Il était venu en France accompagné par deux personnes de qualité. » Certains crurent même repérer son « teint jaunâtre » dans les rues de Paris. Rien n'est plus fantasmagorique.

Les autres conséquences sont plus réelles. Son voyage n'était pas passé inaperçu à La Haye et à son retour, « il manqua, raconte Colerus, de s'attirer la vindicte populaire parce qu'on le prenait pour un espion et qu'on disait qu'il correspondait avec les Français sur des affaires concernant le pays ». Spinoza, Mata Hari du pauvre ; Spinoza, dans la situation des femmes tondues de la Libération ; Spinoza, dans le rôle de Brasillach. On croit rêver ou plutôt cauchemarder. Et pourtant il est allé à Utrecht et n'en éprouve aucune honte, puisqu'il narre à ses hôtes, selon Colerus, que « dans les entretiens qu'il avait eus avec Monsieur Stouppe, cet officier l'avait assuré qu'il s'emploierait pour lui volontiers et qu'il ne devait pas douter d'obtenir, à sa recommandation, une pension de la libéralité du Roi. Mais que pour lui Spinoza, comme il n'avait pas dessein de rien dédier au Roi de France, il avait refusé l'offre qu'on lui faisait avec toute la civilité dont il était capable ». Ultime scrupule : Benoît refuse tout de même de figurer sur la liste civile de Louis XIV...

Quant à son attitude face aux menaces de représailles de la part de la population, qui inquiètent au plus haut point Van der Spyck, son logeur, elle est incroyable de naïveté. « Ne craignez rien, dit-il à son hôte. Il m'est aisé de me justifier : assez de gens et des principaux du Pays savent bien ce qui m'a engagé à faire ce voyage. Mais quoi qu'il en soit, aussitôt que la populace fera le moindre bruit à votre porte, je sortirai et irai droit à eux, quand ils devraient me faire le même traitement qu'ils ont fait aux pauvres Messieurs de Witt. Je suis bon Républicain et n'ai jamais eu en vue que la gloire et l'avantage de l'État. » Quel salmigondis dans ce propos rapporté par Van der Spyck à Colerus et que celui-ci a gravé dans le marbre ! Spinoza en mission ? Lui, connu pour sa proximité avec de Witt, mandaté par le stathouder et jouant, comme plus tard Beaumarchais pour Louis XV, les missi dominici ? Politiquement : absurde ; pratiquement : impossible. Comment, dès lors, prétendre que « des principaux du Pays » savent l'objet de ce voyage ou l'ont même commandité ? Le voilà de même arguant de son républicanisme, au moment où Guillaume met à mal la République : incohérent. Le discours apologétique de Spinoza est, au fond, à l'image de toute l'expédition : incompréhensible, stupide, indéfendable. Faut-il voir dans ce faux pas de Benoît, la seule fois où il s'est vraiment approché de la politique, l'illustration du précepte selon lequel la proximité du pouvoir et le fumet des honneurs rendent fous les esprits les plus brillants ? L'épisode ne porte finalement guère atteinte à la réputation de notre homme, peut-être parce que le colonel Stouppe quitte, dès le 13 novembre 1673, Utrecht : « Rendez grâce à Dieu que nous partions d'ici et suppliez-le de ne jamais nous voir revenir. Sur ordre du Roi, je vous rends les clefs ; conservez-les bien. » Le souvenir de l'occupation s'éloignant, la trace du pas de clerc de Benoît se perd elle aussi.

Rentré au bercail, celui-ci reprend sur son cercle l'ascendant croissant qu'il exerce depuis son installation à La Haye. Sa réputation ne cesse de grandir, ses visiteurs de se multiplier, ses disciples de propager la parole spinoziste. Jusqu'à ces jeunes filles de bonne famille, dont parlait Stouppe, qui cherchaient à entrevoir le maître comme les dames du faubourg Saint-Germain se précipiteront, le moment venu, sur les bancs inconfortables du Collège de France pour écouter religieusement Michelet ou Bergson. La gloire nimbée de provocation de Spinoza ajoute au charme : il est suffisamment reconnu par les élites européennes pour que l'approcher ne soit pas une faute de goût, mais assez marginal pour que le pèlerinage à Paviljœngracht conserve tout son sel.

Comme toutes les cours, celle qui se forme autour de Spinoza s'organise en cercles concentriques. Certes Pieter Balling, Simon de Vries, Adriaan Kœrbagh ont disparu ; Van den Enden, nous le savons, est exécuté à Paris en 1674 pour sa participation à un complot contre le Dauphin. Demeurent dans le premier cercle Bouwmeester, Meyer, Rieuwertsz et à distance Oldenburg avec lequel la correspondance s'intensifie ces années-là. S'impose peu à peu à ce niveau d'intimité Jarrig Jelles. Autodidacte, ignorant le latin, n'ayant jamais fréquenté la moindre université, il est snobé par les « membres du club », mais non par le maître lui-même qui accusera réception avec une affectueuse indulgence de sa *Confession de la foi chrétienne et universelle* : « Monsieur et ami, j'ai lu avec plaisir l'écrit que vous m'avez envoyé et l'ai trouvé tel que je n'ai rien à y changer... » Spinoza use avec lui d'un ton plus libre et plus dégagé qu'avec quiconque, comme si l'humilité de Jelles le dispensait de prendre la pose : « Les plus ignorants, me disais-je non sans un sourire, sont souvent les plus audacieux et les plus disposés à écrire. Ces gens-là me paraissent exposer leur marchandise pour la vente comme des fripiers qui montrent en premier lieu ce qu'ils ont de plus mauvais. Nul, dit-on, n'est plus rusé que le diable : pour moi, je trouve que la nature de ces gens-là l'emporte encore beaucoup en ruse. Salut. » C'est la seule lettre de Benoît qui se termine sur une formule de politesse aussi primesautière.

Un deuxième cercle s'est plus spécifiquement constitué à La Haye, avec Abraham Cuffeler, devenu un ardent « militant de la cause », un réfugié français, le sieur de Saint-Glain, lui aussi admirateur zélé au point qu'on le croira longtemps auteur de la biographie française de Spinoza, justement réattribuée plus tard à Lucas, le « Recteur de La Haye » Louis Limelet, un certain Frans Langenes, qui encourra ultérieurement les foudres du consistoire de La Haye pour avoir diffusé des rudiments de la doctrine spinoziste. Enfin des étudiants de Leyde forment, à force de lui rendre visite, un troisième cercle autour de Spinoza. Albert Burgh est à l'évidence le favori, comme autrefois Caesarius, jusqu'au jour où, à l'occasion d'un voyage en Italie, il est frappé par la foi dans la basilique Saint-Antoine de Padoue. L'anathème sera, nous l'avons vu, à la mesure de la surprise : violent, agressif, définitif comme l'avait été dix ans plus tôt l'éloignement avec Caesarius. Lorsque la relation de Spinoza avec des disciples jeunes prend — en tout bien tout honneur peut-on supposer — un tour personnel, elle devient plus chaotique qu'avec des interlocuteurs plus classiques et plus âgés, preuve, s'il en était besoin, du déséquilibre affectif auquel la réclusion a conduit Benoît.

Deux Allemands du même âge, Walther von Tschirnhaus et Georg Hermann Schuller, pénètrent dans l'intimité de Spinoza en même temps que Burgh, mais leurs relations demeureront plus sereines. Ces jeunes gens sont pétrifiés de déférence quand ils écrivent au maître : sans doute en va-t-il de même quand ils le rencontrent et celui-ci accepte bien volontiers les formes de leur respect. Spinoza est, depuis toujours, un faux modeste et cette posture s'accuse naturellement au rythme des années qui passent. Il répond volontiers aux sollicitations intellectuelles, dès lors que les interrogations sont formulées avec tous les égards dus à son rang. Il attend de ses disciples le même degré de contestation qu'un président de la République française dans ses entretiens télévisés avec des journalistes qu'il a lui-même choisis.

Spinoza a beau susciter un respect et une admiration de plus en plus unanimes, la justice avance, elle, à son rythme, indifférente aux bruits de la ville, de sorte que le

19 juillet 1674, quatre ans après sa parution, le *Tractatus* sera banni en même temps que d'autres livres blasphématoires, dont le *Léviathan* de Hobbes : on pourrait imaginer pire compagnon d'infortune. Les délégués au synode de la Hollande méridionale avaient demandé l'interdiction, dès décembre 1671, mais le rapport s'était « perdu ». Une deuxième requête s'était, elle aussi, égarée quelques mois plus tard. L'administration de Jean de Witt veillait à l'évidence sur son protégé. Le grand pensionnaire disparu, la procédure reprend ses droits et le verdict finit donc par tomber : « Nous avons jugé de notre devoir de déclarer les livres précités conformes à ce qui a été décrit et de les réputer livres blasphématoires et pernicieux pour l'âme, remplis de thèses non fondées et dangereuses et d'abominations au détriment de la Vraie Religion. » L'anathème protestant n'a, à l'évidence, ni la violence verbale du *herem* juif ni les conséquences dramatiques d'une mise à l'Index catholique. Verdict mou dans une société riche et repue. L'édit d'interdiction n'a guère d'incidence. Il n'ajoute aucun parfum de martyre à la gloire de Spinoza et ne crée guère de difficultés aux libraires d'Amsterdam qui se contentent de rééditer le *Tractatus* avec l'ancienne date de parution ou sous un faux titre. Le seul effet tangible sera sans doute de pousser plus tard Benoît à différer après sa mort la publication de l'*Éthique*.

Le temps presse ; Spinoza sait, mieux que quiconque, qu'il ne vivra pas vieux ; il devine qu'il ne pourra éternellement continuer à ruser avec ses maladies, langueur, phtisie, faiblesse. Avec le *Tractatus* il a fait irruption au cœur de la vie intellectuelle européenne, mais sa grande œuvre, elle, n'est pas achevée, cette *Éthique* sur laquelle il travaille depuis près de dix ans. S'étant délibérément enfermé dans le carcan d'une géométrie quasi euclidienne, il ne peut polir et repolir sa philosophie qu'à l'instar des lentilles sur lesquelles il passe de longues heures. Ascèse, exigence intellectuelle, névrose : tout l'oblige à se remettre sur son ouvrage. Il l'a laissé de côté plusieurs années, le temps de rédiger le *Tractatus*, de le diffuser mais aussi d'en digérer les effets. Ce n'est donc plus le même philosophe, nous disent les spinozistes patentés, qui remanie son premier texte.

Qu'il ait démultiplié la troisième partie en ajoutant une quatrième et une cinquième partie, à la limite, peu importe ! Plus essentielle est, à l'évidence, la volonté de Benoît d'achever de la sorte son testament intellectuel. Pris, pour une fois, d'une humilité qui ne lui est pas familière, il accepte même de faire circuler des parties de l'*Éthique* au sein de sa coterie. Ainsi Tschirnhaus et Schuller n'hésitent-ils pas à interpeller le maître, à lui poser des questions, donc à le stimuler et peut-être à l'influencer. « Quand aurons-nous votre exposé sur l'ensemble de la physique ? Je sais que vous avez fait beaucoup de chemin dans ces recherches. Je le savais déjà par ailleurs et cela ressort encore des lemmes introduits dans la deuxième partie de l'*Éthique* par lesquels de nombreuses difficultés de physique sont aisément levées... » lui écrit Tschirnhaus le 5 janvier 1675, et Benoît de répondre pied à pied : « De même quand je définis Dieu comme l'Être souverainement parfait, cette définition n'exprimant pas la cause efficiente, je n'en pourrai déduire toutes les propriétés de Dieu. C'est le contraire quand je définis Dieu comme l'Être, etc. (voir *Éthique* I, déf. 6). »

À Schuller qui, lui, l'interroge sur la proposition 3 du livre I, le scolie de la proposition 10 et la proposition 13 du livre II — c'est un lecteur méticuleux —, il rétorque par exemple : « Je crois avoir suffisamment expliqué dans le scolie et le corollaire 25, partie I de l'*Éthique* en quel sens je dis que Dieu est cause efficiente des choses, aussi bien pour l'essence que pour l'existence », et il entre dans le débat que réclame son interlocuteur : « Voici les exemples que vous me demandez : ceux du premier genre sont, dans l'ordre de la pensée, l'entendement absolument infini... » Ce Spinoza pédagogue, prêt au dialogue, ouvert, est inattendu.

Il pousse même la disponibilité d'esprit et la gentillesse jusqu'à prendre de son temps pour répondre avec humour à Hugo Boxel qui l'interroge sur l'existence des fantômes : « Monsieur, votre lettre reçue hier m'a été très agréable, aussi bien parce que depuis un certain temps je désirais recevoir de vos nouvelles que parce que j'y vois que vous ne m'avez pas tout à fait oublié. Et bien que d'autres verraient de mauvais présages dans le fait que des fantômes ou des apparitions soient l'occasion de l'écrit que vous m'adressez, j'y vois aussi un fait du plus haut intérêt en pensant que non seulement des réalités mais aussi des vétilles et des futilités peuvent avoir leur utilité pour moi... Aussi veux-je prendre une voie médiane et vous prier, parmi tous les récits de fantômes que vous avez lus, d'en choisir un ou deux susceptibles de démontrer très nettement que les fantômes existent. Car, pour parler franchement, je n'ai jamais lu un auteur digne de foi qui ait montré clairement qu'ils sont une réalité. Et jusqu'à maintenant je ne sais pas exactement ce qu'ils sont et personne n'a jamais su me l'expliquer. » Incroyable bienveillance qui voit notre « pape de la raison » disserter presque aussi sérieusement de l'existence des fantômes que de l'essence divine !

C'est un Spinoza plus libre, plus indulgent, plus réceptif aux objections, qui dialogue et met la dernière main à l'*Éthique*. Mais cette ouverture sur autrui le conduit-elle à infléchir, sur tel ou tel point, sa pensée ? À l'évidence, non. L'*Éthique* est sortie, tout armée, du cerveau de Spinoza ; il en portait déjà les linéaments à l'époque du *herem* ; il les a codifiés dans les années 1660. Depuis, il fait des gammes sur sa propre pensée.

Mais une fois achevée sa grande œuvre, il multiplie les idées et les projets. Ainsi laisse-t-il entendre à Tschirnhaus, fin 1674, qu'il envisage de rédiger un ouvrage de physique. De même évoque-t-il l'idée, auprès d'Oldenburg, d'ajouter des compléments au *Tractatus*. Celui-ci l'y encourage : « Je ne puis pas ne pas approuver votre décision d'éclairer et d'adoucir les passages du *Tractatus theologico-politicus* qui peuvent heurter les lecteurs. Je pense que ce sont d'abord ceux où il est traité avec ambiguïté de Dieu et de la Nature, et où l'on pense que vous confondez ces deux réalités. De plus, vous semblez nier toute l'autorité et toute la valeur des miracles, alors que presque tous les chrétiens sont persuadés qu'ils peuvent seuls garantir la certitude de la révélation divine. On ajoute que vous cachez votre position sur Jésus-Christ, rédempteur du monde, seul médiateur des hommes, et sur son incarnation et sur son sacrifice ; on demande que vous disiez ouvertement votre pensée sur ces trois points. Si vous le faisiez et donniez satisfaction aux chrétiens sensés et raisonnables, je pense que vos affaires seraient à l'abri de tout danger. »

Trop, c'est trop ! Benoît est prêt à améliorer le *Tractatus*, le débarrasser de certaines scories, le rendre plus démonstratif. Oldenburg veut profiter de cet état d'esprit pour obtenir de son ami, sous couvert de modifications, une capitulation. Il est hors de question pour Spinoza de lui donner satisfaction. Aussi, par retour du courrier, persiste-t-il et signe-t-il sur les trois sujets : « J'ai sur Dieu et la Nature une position très éloignée de celle des nouvelles sectes chrétiennes. [...] Comme tous les autres, les chrétiens ne se défendent que par des miracles, c'est-à-dire par l'ignorance, source de tout mal et ils changent en superstition une foi même véritable. [...] Quand certaines Églises ajoutent que Dieu a pris une forme humaine, j'ai expressément averti que je ne sais pas ce qu'elles veulent dire. » Faire quelques accommodements sur des détails : peut-être. Sur l'essentiel : jamais ! Oldenburg s'est dupé sur l'état d'esprit de son ami. Même si la fin qu'il sent approcher le rend moins sévère, moins dogmatique, ce n'est surtout pas le moment d'abdiquer.

Dans le même mouvement d'ultime fébrilité, il se remet à la grammaire hébraïque qu'il avait entamée plusieurs années auparavant. Le principe en était logique : réinventer une langue hébraïque séculière, naturelle et la faire échapper à son statut de langue sacrée. Ce n'était que reproduire, dans l'ordre linguistique, le postulat de base de Spinoza vis-à-vis des Saintes Écritures. Mais comment ne pas avoir une lecture plus psychanalytique de cet intérêt brutal, à la fin de sa vie, pour la langue de ses ancêtres, celle dans laquelle il a été élevé, celle qui a servi à l'excommunier ? Spinoza ne sera pas Jean Barois ; il ne reviendra pas à son point de départ. La rupture religieuse et philosophique avec le judaïsme est totale ; la césure affective sans doute moins définitive. Benoît a écrit toute son œuvre en latin. Quel besoin intellectuel a-t-il au soir de sa vie d'essayer d'infléchir le statut linguistique de l'hébreu ? Aucun. C'est donc une autre quête qu'il mène en essayant de donner à sa langue maternelle un statut laïc. C'est une manière, pour lui, d'inventer une position que l'époque interdit, mais qui lui irait comme un gant : être le premier juif laïc. Une fois de plus, derrière l'allure impassible et retenue de notre philosophe, son inconscient remue avec ses traumatismes, ses non-dits, ses frustrations, et de ce point de vue la cicatrice du *herem* ne s'est jamais refermée.

Mais au-delà de cette volonté boulimique de tout faire, de tout dire, de tout écrire aussi longtemps que l'occasion lui en est donnée, la question fondamentale pour un Spinoza au bord de la mort est la publication de l'*Éthique*. La rapidité avec laquelle il a voulu lever l'anonymat du *Tractatus* témoigne, à l'évidence, de son désir d'être reconnu, diront ses adversaires, de sa volonté d'assumer, affirmeront ses thuriféraires. Le côté prudent, voire cauteleux, de Benoît n'a pas disparu avec le temps. Simplement, moins autiste, plus avenant, il prend l'avis d'autrui, ce qui ne lui était guère arrivé auparavant. Oldenburg, par exemple, est plus que réservé dans sa lettre du 22 juillet 1675 : « Je ne voudrais pas que notre correspondance s'interrompît par un manquement à un amical devoir. J'ai vu par votre réponse du 5 juillet que vous avez l'intention de publier votre Traité en cinq parties [l'*Éthique*] ; permettez-moi de vous engager, en toute sincérité et affection, à n'y rien mêler qui semble compromettre la pratique de la vertu religieuse, d'autant plus que, dans ce siècle dégénéré et corrompu, rien n'est plus ardemment pourchassé que les doctrines dont les conséquences semblent justifier les vices de notre temps. »

Cette discrète mise en garde ne dissuade pas Benoît. Début août 1675, il prend la route d'Amsterdam pour donner l'*Éthique* à imprimer à son fidèle Jan Rieuwertsz. A-t-il en tête, à ce moment-là, de s'abriter, comme pour le *Tractatus*, derrière l'anonymat ? Ce serait peine perdue. La maison de Van der Spyck était devenue, pendant ces dernières années, un lieu de pèlerinage intellectuel. C'est là que s'est créé le rite, plus tard tellement à la mode, de la visite au grand penseur. Ce n'étaient pas les travaux du maître peintre Van der Spyck qui attiraient un baron allemand comme Tschirnhaus, un pasteur français comme Bourgeois, un médecin d'Amsterdam comme Schuller, un poète parisien comme d'Hérault, sans compter le grand Leibniz qui s'acharnera, sans doute par orgueil, à nier le fait, et tant d'autres moins fidèles, plus inconstants, venus par snobisme.

La publication d'un ouvrage de Benoît est désormais un événement précédé, dans toutes les Provinces-Unies, par un bouche à oreille digne de nos meilleures habitudes germanopratines. Dès le 21 juin 1675, le consistoire de La Haye prenait les devants : « Étant donné que le Consistoire a entendu dire que les principes blasphématoires et dangereux de Spinoza gagnent de plus en plus de terrain tant dans cette ville qu'ailleurs, chacun des membres de cette assemblée est prié de s'enquérir de ce qui est vrai dans ce qui se colporte, si un autre ouvrage de lui a paru ou est sous presse et quel danger menace de ce côté-là. » Et avant même que Benoît ne revienne d'Amsterdam, un certain Ryckius écrit à son ami Adriaan Blyenbergh : « Parmi nous circule le bruit que l'auteur du *Tractatus theologico-politicus* a fait un livre sur Dieu et sur l'entendement, encore bien plus dangereux que le premier. »

Signe du destin — mais Spinoza y croit-il ? —, il est sans doute à Amsterdam le jour même où la nouvelle grande synagogue est inaugurée le 5 août 1675. C'est la cathédrale du judaïsme et le Tout-Amsterdam se presse aux festivités qui vont durer huit jours pleins. La Nouvelle Jérusalem a, à son tour, son Temple ; elle affirme sa puissance et sa solidité. Qu'en pense celui qui, né Baruch, est devenu Benoît ? Comment, avec le souvenir du *herem* chevillé au corps, réagit-il en face d'un monument qui incarne la force d'une communauté dont il est à la fois un fils indigne et un fils prodige ? Il n'a pas pu, en tout cas, échapper à la vue du bâtiment qui domine la ville de toute sa hauteur. Mais y est-il allé ? S'est-il livré à un pèlerinage nostalgique dans le quartier juif ? Est-il revenu dans les alentours de la maison paternelle ? A-t-il entrevu, rencontré, embrassé ou ignoré ses sœurs ?

Tous les scenarii sont possibles : un Spinoza buté qui fait tout pour éviter les souvenirs de son passé ; un Benoît ému qui revient sur ses pas mais que son statut toujours vivace d'excommunié tient à distance de ses anciens coreligionnaires ; un philosophe concentré sur son problème — publier ou ne pas publier — que ne remuent ni les réminiscences, ni les réflexes d'hostilité, ni les souvenirs ; un schizophrène partagé entre la raideur de sa « raison raisonnante » et l'émotion de l'ancien élève de Talmud Tora.

Notre héros ne nous aide pas à lever le voile. De son séjour qui aura duré, semble-t-il, deux semaines, il ne donne qu'un seul compte-rendu à Oldenburg : « Au moment où j'ai reçu votre lettre du 22 juillet, j'allais à Amsterdam porter à l'imprimeur le livre dont je vous ai parlé. Tandis que je m'occupais de cela, le bruit courait partout qu'un livre de moi était sous presse où je m'efforçais de montrer que Dieu n'existe pas : quantité de gens ajouteraient foi à cette rumeur. Quelques théologiens (les auteurs de ce bruit peut-être) profitèrent de cette occasion pour déposer une plainte contre moi devant le Prince et les magistrats ; en outre de stupides cartésiens qu'on soupçonnait de m'être favorables et qui voulaient écarter ce soupçon, ne cessaient et ne cessent encore d'afficher partout leur haine de mes pensées et de mes écrits. L'ayant appris de quelques personnes dignes de foi qui affirmaient en même temps que les théologiens me guettaient de toutes parts, j'avais décidé d'ajourner cette édition jusqu'au moment où je verrais comment tournent les choses... Mais la situation semble s'aggraver chaque jour et je ne sais trop que faire... »

Spinoza a une fâcheuse tendance à déguerpir au premier coup de pistolet. Il tient, pourtant à la publication de l'*Éthique*, point d'orgue qu'il veut donner, de son vivant, à son œuvre. Ce n'est pas l'Inquisition qui le menace, ni le bûcher, mais une banale mise à l'Index aux conséquences peu dommageables. Pourquoi ne persévère-t-il pas ? Inutile d'imputer cette reculade à son éditeur : celui-ci a bravé, en d'autres occasions, le consistoire d'Amsterdam et il sait que, dans un tel conflit, il ne risque que quelques florins.

L'admiration de Rieuwertsz pour Benoît est telle que, si celui-ci avait voulu aller de l'avant, il aurait, à coup sûr, pris le risque. C'est à lui seul que Spinoza peut s'en prendre, à sa lâcheté, à sa faiblesse et sans doute aussi à une tentation masochiste de trouver le moindre prétexte pour se faire mal. Or quel plus grand mal peut-il s'infliger que de renoncer à la publication de sa vie ? Le voilà de retour Paviljœngracht, chez le bon Van der Spyck. Déçu, amer, triste : sans doute. Piteux d'avoir manqué de cran : possible. Conscient d'avoir tiré sa dernière cartouche : probable. Mais les habitudes sont les plus fortes. Il reprend sa vie de métronome : travail, rencontres, polissage, correspondance... Philosophe-opticien jusqu'au dernier jour.

Arrive l'année 1676 avec, au milieu de cette monotonie quotidienne, l'excitation des rencontres avec Leibniz. La légende métamorphose le philosophe allemand en pèlerin du spinozisme, allant quêter, l'année même où il invente le calcul différentiel, l'onction d'un Spinoza au bord de la mort. L'envie de la rencontre prend le pas sur la réalité. Le dialogue Spinoza-Leibniz ? Racine et Corneille, Stendhal et Flaubert, Proust et Céline feraient pâle figure à ce jeu, véritable poncif de la culture française, le duel au sommet entre deux divas de l'esprit. Le petit juif et l'aristocrate allemand, le modeste opticien et l'immense mathématicien, le reclus et l'extraverti, le solitaire et l'intrigant, le moine-philosophe et le courtisan génial, mais aussi le roi des philosophes et un penseur quasi provincial ! L'un, vêtu de la même houppelande usée ; l'autre, d'un manteau de voyage à la dernière mode car, d'après Huygens, il veut obsessionnellement « briller ». L'un, excommunié par les siens, suspect dans son propre pays ; l'autre, ami de Newton, encensé par la Royal Society et l'Académie des sciences. L'un, ravagé par les premiers signes de la phtisie ; l'autre, plastronnant et séducteur. Malheureusement, à croire ce menteur de Leibniz, la vérité est plus triste : il nie être allé recueillir les prophéties de Spinoza presque agonisant. Mais le diplomate-philosophe allemand manque d'alibis. On le piste à Paris où il se lie d'amitié avec Tschirnhaus, à Londres où il disserte avec Oldenburg avant de prendre la route du Hanovre. Il est difficile d'imaginer que les disciples du maître ne lui aient pas indiqué le chemin de la maison Van der

Spyck... D'ailleurs, Leibniz s'est « coupé ». Ses dénégations sont mises à mal par un feuillet malencontreusement retrouvé : « Lorsque j'étais à La Haye, j'ai proposé cette démonstration à Monsieur Spinoza qui l'a estimée juste ; mais comme tout d'abord il la contestait, je l'ai répétée par écrit et lui ai lu cette page. » Ils se sont donc vus. Se sont-ils plu, supportés ou simplement croisés ?

L'année 1676 est plus médiocre que la légende, répétitive, tragiquement monotone. Dans les deux pièces louées à l'année au maître peintre, la lumière est plus tamisée à moins que ce ne soient les yeux de Benoît qui le trompent ; l'air plus froid : ses frissons, chaque jour plus nombreux, lui donnent cette impression ; la poussière plus présente, les toiles d'araignée plus envahissantes — mais Spinoza s'intéresse-t-il encore à leurs combats ? —, les meubles plus lourds, plus laids. Quant à lui, ses mouvements sont plus lents, plus douloureux, sa respiration plus saccadée, son pas plus hésitant, sa difficulté de se mouvoir chaque jour plus visible.

Devinant que le temps lui est désormais compté, Spinoza se lance dans un dernier travail. Clin d'œil au destin, il n'en parle de façon explicite que dans son ultime lettre, dont le destinataire et la date nous sont inconnus : « Mon ami bien cher. J'ai reçu hier avec joie votre lettre et je vous remercie vivement des preuves actives de l'intérêt que vous me témoignez. J'aurais accepté votre offre sans aucun doute, si je ne me consacrais à une occupation selon moi plus urgente et dont vous aussi, je le sais, vous vous féliciterez davantage : je travaille au traité [*De l'autorité politique*] que vous m'avez décidé à entreprendre, il y a quelque temps... » Quelle étrange missive ! Plus affectueuse qu'à l'accoutumée, plus déférente, plus complice : quel est donc ce personnage suffisamment influent pour décider Spinoza à entreprendre ce que celui-ci sait être son dernier ouvrage ? Ni Oldenburg vis-à-vis duquel il marque de la déférence, ni Tschirnhaus qu'il appelle « Monsieur », ni Schuller qu'il ne traite pas de façon aussi proche. Toujours est-il que cet ami cher, ce « La Boétie tardif », cet éternel inconnu l'a poussé à clore son œuvre par un ouvrage politique. Le droit naturel, la puissance, les affaires politiques, les règles de la vie en société, les principes d'un « régime monarchique qui ne doit pas dégénérer en tyrannie » : ce sont les chapitres inattendus du testament intellectuel de Spinoza. S'agit-il pour lui de venger à sa manière les frères de Witt ? De militer pour une monarchie bourgeoise et non un proconsulat ? Par rapport au *Tractatus*, une énorme différence apparaît : la disparition des références bibliques et du substrat juif. Bizarre Spinoza : d'une main, il consacre une partie du temps qui lui est compté à établir les règles d'une grammaire hébraïque ; de l'autre, il écrit son premier ouvrage totalement libéré de la chape de plomb biblique. Rien ne sera jamais simple pour lui — comme pour quiconque — sur le plan de ses relations avec le judaïsme.

S'il ne souffrait pas d'une toux de plus en plus violente, d'une langueur toujours plus présente, Spinoza aurait vécu l'hiver 1676 comme les précédents : reclus, frigorifié, travaillant, polissant. Il n'est pas du genre à se plaindre, étant « d'un caractère quelque peu stoïcien et insensible, et se plaisant souvent à faire la leçon à ceux qui se montraient trop découragés et sensibles lors de leur maladie ». Mais il sait la fin proche ; il demande à George Schuller de venir l'aider à mettre ses affaires en ordre, à ranger ses manuscrits et surtout à éliminer — *dixit* son visiteur — des textes trop violents ou susceptibles de provoquer des réactions trop brutales. Ainsi non seulement Spinoza se dérobe-t-il de son vivant au corps à corps; mais même après sa mort, il veut éviter certains ennuis. Attitude paradoxale et injustifiable. Qu'il craigne l'emprisonnement, passe encore; qu'il veuille éviter d'être lynché, c'est compréhensible; mais qu'il ne puisse surmonter post mortem ses inhibitions, c'est pour un « maître ès lucidités » une sacrée tare. Toujours est-il qu'après ce voyage à La Haye, Schuller n'a plus aucun doute sur l'issue; il écrit ainsi le 6 février 1677 à Leibniz : « Je crains que Monsieur Benedictus de Spinoza ne nous quitte d'ici peu de temps car la phtisie, maladie héréditaire dans sa famille, semble empirer de jour en jour. » C'est au passage une deuxième occasion de prendre Leibniz en flagrant délit de mensonge : il connaissait si peu Spinoza qu'un ami commun, à peine rentré de La Haye, éprouvait le besoin de lui donner de ses nouvelles.

Le moment de mourir est arrivé. Banal, terriblement banal, si banal même que le mythe spinoziste, du moins dans sa version la plus audacieuse, ne pouvait se satisfaire de le voir s'éteindre dans son lit. De là la rumeur qui, dans les années suivantes, voulut doter Spinoza d'une mort romanesque. Ainsi d'un texte publié en 1695 que cite Colerus : « J'ai ouï dire que Spinoza était mort de la peur qu'il avait eue d'être mis à la Bastille. Il était venu en France attiré par deux personnes de qualité qui avaient envie de le voir. Monsieur de Pomponne en fut averti; et comme c'est un Ministre fort zélé pour la Religion, il ne jugea pas à propos de souffrir Spinoza en France, où il était capable de faire bien du désordre, et pour l'en empêcher, il résolut de le faire mettre à la Bastille. Spinoza qui en eut avis se sauva en habit de Cordelier. » Et pour faire bonne mesure, après avoir fui, il serait mort de peur. Pour discréditer un intellectuel, ce photomontage modèle XVIIe siècle, ne manque pas d'allure : un comportement d'« anarchiste allemand » qui franchit la frontière française ; une agit-prop de militant révolutionnaire ; la peur de la prison ; la fuite et, humiliation suprême, une mort — au sens propre cette fois-ci — de peur. Faut-il que l'antispinozisme ait rapidement pris des proportions ahurissantes pour aboutir à ce libelle.

La vérité est plus prosaïque. Acceptons-la, telle que Colerus nous l'a transmise, à l'évidence à partir des récits qu'il a recueillis de Van der Spyck et de ses proches : « Spinoza était d'une constitution très faible, malsain, maigre et attaqué de phtisie depuis plus de vingt ans : ce qui l'obligeait à vivre de régime et à être extrêmement sobre en son boire et en son manger. Cependant ni son hôte ni ceux du logis ne croyaient que sa fin fût si proche, même peu de temps avant que la mort le surprit et n'en avaient pas la moindre pensée. Car le 20 février qui fut alors le samedi devant les jours gras, son hôte et sa femme furent entendre la prédication qu'on fait dans notre église pour disposer un chacun à recevoir la Communion qui s'administre le lendemain, selon une coutume établie parmi nous. L'hôte étant retourné au logis après le sermon à quatre heures ou environ, Spinoza descendit de sa chambre en bas et eut avec lui un assez long entretien qui roula particulièrement sur ce que le Ministre avait prêché et après avoir fumé une pipe de tabac, il se retira à sa chambre qui était sur le devant et s'alla coucher de bonne heure. Le dimanche au matin avant qu'il fût temps d'aller à l'Église, il descendit encore de sa chambre et parla avec l'hôte et sa femme. Il avait fait venir d'Amsterdam le Médecin que je ne puis désigner autrement que par ces deux lettres L.M. [sans doute est-ce son ami, confident et fidèle Louis Meyer, encore que l'indélicatesse à venir rende moins plausible l'hypothèse], celui-ci chargea les gens du logis d'acheter un vieux coq et de le faire bouillir aussitôt, afin que sur le midi Spinoza pût en prendre le bouillon, ce qu'il fit aussi et en mangea encore de bon appétit, après que l'hôte et sa femme furent revenus de l'Église. L'après-midi le Médecin L.M. resta seul auprès de Spinoza : ceux du logis étant retournés ensemble à leurs dévotions. Mais au sortir du sermon, ils apprirent avec surprise que, sur les trois heures, Spinoza était expiré en la présence de ce Médecin, qui le soir même s'en retourna à Amsterdam par le bateau de nuit sans prendre le moindre soin du défunt. Il se dispensa de ce devoir d'autant plus tôt, qu'après la mort de Spinoza, il s'était saisi d'un ducaton et de quelque peu d'argent que le défunt avait laissé sur sa table, aussi bien que d'un couteau à manche d'argent et s'était retiré avec ce qu'il avait butiné. » Une mort de paysan; une mort stoïcienne; une mort d'une rare humilité. À chacun sa métaphore.

Décidé à devenir le biographe officiel du spinozisme, Colerus ne veut pas laisser s'accréditer les versions les plus fantaisistes de la mort du maître. Aussi tient-il, dans les lignes qui suivent le récit du décès, à faire litière des rumeurs. Ainsi de celle, aux arrière-pensées trop transparentes, qui prétend que Spinoza se serait exclamé plusieurs fois : « Ô Dieu, ayez pitié de moi misérable pécheur. » Qu'il aurait été doux à tant de culs-bénis de le voir, de la sorte, abjurer! Ainsi, à l'inverse, du récit selon lequel Spinoza agonisant aurait laissé échapper le nom de Dieu avant, interpellé par ses proches pour savoir s'il reconnaissait enfin, sa dernière heure arrivée, l'existence de Dieu, de leur répondre que « le mot lui était échappé et n'était sorti de sa bouche que par coutume et par habitude ». Ainsi, pour que le panorama soit complet, de la version suicidaire : Spinoza muni du suc de mandragore — comme les résistants de leur capsule de cyanure —, et s'offrant une mort à la Montherlant. Ainsi du récit athée militant, Benoît interdisant à son hôte de laisser approcher le moindre prêtre afin de mourir paisiblement. Colerus dit avoir fait son enquête : « J'ai recherché soigneusement la vérité de tous ces faits et demandé plusieurs fois à son hôte et à son hôtesse, qui vivent encore à présent, ce qu'ils en savaient. » Et l'investigation achevée, il décrète toutes ces hypothèses nulles et non avenues : Spinoza est mort paisiblement en présence du médecin, sans la moindre danse macabre, autour de lui, de curés avides d'absolutions et d'élèves attachés à recueillir les dernières paroles inspirées du maître. La plus « plate » des morts. Mais y a-t-il, à la fin des fins, des morts, qui ne le soient pas ?

Comment a fonctionné le bouche-à-oreille, ce « tam-tam occidental » qui accompagne les décès ? Anticipant sur ce qui deviendra un principe, l'éditeur ultime garant de ses auteurs — caution morale face aux créanciers excédés, exécuteur testamentaire, contributaire de dernier ressort — Jan Rieuwertsz demande à Van der Spyck de faire enterrer décemment Spinoza et se porte fort du règlement des arriérés que son illustre locataire pouvait encore lui devoir. Un an plus tard, le 6 mars 1678, il s'acquittera, au florin près, de ses engagements. Cette garantie ne fut pas inutile. Un apothicaire, du nom de Schroder, essaya en effet de faire opposition à l'enterrement de Spinoza, prétendant que celui-ci lui était débiteur des médicaments qu'il lui avait fournis pendant sa maladie — teinture de safran, baume, poudres, mais en aucun cas, d'après Colerus, de l'opium ou de la mandragore qui rendraient suspect le décès. Van der Spyck, cautionné par Rieuwertsz, s'acquitta des seize florins et deux sous, et l'opposition fut levée. Étonnante législation qui permettait à un créancier de bloquer, afin de se faire payer, l'inhumation de son débiteur ! Fallait-il que, dans la tradition hollandaise de l'époque, les valeurs relatives à l'argent aient l'ascendant sur toutes les autres.

Spinoza est enterré le 25 février, « accompagné de plusieurs personnes illustres et suivi de six carrosses », indique Colerus. Mais il se garde bien de nous indiquer les noms. Rieuwertsz ? Tschirnhaus ? Schuller ? Des représentants de la municipalité de La Haye ? Sa sœur Rebecca et son neveu Daniel de Casseres, réconciliés par la mort avec Baruch ou attirés par la perspective du maigre héritage ? Ce ne sont, de toute façon, ni les obsèques de Mozart jeté à la fosse commune, ni celles de Victor Hugo au Panthéon. Un enterrement du « juste milieu », assez classique, assez conformiste avec, au retour du cimetière, suivant les bonnes traditions, « les Amis particuliers ou Voisins qui furent régalés de quelques bouteilles de vin selon la coutume du Pays dans la maison de l'Hôte du défunt », précise une fois de plus le bon Colerus.

L'hôte, les voisins, quelques notables, la sœur, Tschirnhaus et Schuller, tous réunis au rez-de-chaussée de la maison Van der Spyck : équipage improbable pour des obsèques de petit-bourgeois. Les imagine-t-on, le visage aviné à la Frans Hals, en train de boire à la santé du défunt ou de parler de lui ? De ses habitudes de vie ?

De ses mœurs alimentaires ? De sa gentillesse ? Des lentilles qu'il polissait ? Des visites qu'il recevait ? Ou de l'excommunication ? Du *Tractatus* ? De l'*Éthique* ? Du réseau des amis, admirateurs, correspondants ? Même les élèves les plus zélés devinent-ils qu'ils viennent d'enterrer un philosophe hors normes ? Ils sont sans doute tristes comme nous l'avons tous été à l'occasion des obsèques d'un vieux « prof de khagne ». Davantage ? C'est peu probable. Et, au bout de quelques heures, chacun de repartir après avoir chaleureusement remercié Van der Spyck.

Colerus se garde bien de donner une réponse à la seule question qui vaille : Spinoza a-t-il été enterré religieusement ? Il le laisse aussi bien croire que l'inverse. Au titre de l'hypothèse religieuse, une phrase : « Au retour de l'Enterrement qui se fit dans la nouvelle Église sur le Spuy... » Au titre des obsèques de mécréant, un paragraphe : « Je remarquerai en passant que le barbier de Spinoza donna après sa mort un mémoire conçu en ces termes : "Monsieur Spinoza de bienheureuse mémoire doit à Abraham Kerwe chirurgien pour l'avoir rasé...". Si ces bonnes gens avaient su quels étaient les principes de Spinoza en fait de Religion, il y a apparence qu'ils ne se fussent pas ainsi joué du terme de bienheureux qu'ils employaient ; ou est-ce qu'ils s'en sont servis selon le train ordinaire, qui souffre quelquefois l'abus qu'on fait de semblables expressions, à l'égard même de personnes mortes dans le désespoir ou dans l'impénitence finale ? » Comme Colerus n'a de cesse de faire rentrer Benoît dans le rang, il se serait sans doute plu à proclamer, si tel était le cas, l'abjuration finale de Spinoza et son retour dans le sein d'une Église, quelle qu'elle fût !

Spinoza à peine en terre, les questions d'héritage reprennent le dessus, comme s'il s'agissait d'un apothicaire ou d'un marchand de tissus. Précautionneux et s'étant proclamé, de fait, exécuteur testamentaire, Van der Spyck fait réaliser un inventaire des biens du disparu. Une bibliothèque, nous le savons, d'une relative pauvreté ; des meubles de mauvaise façon et une garde-robe juste bonne à être offerte aux « petites sœurs des pauvres » ou à ce qui, à l'époque, en tient lieu.

Mais, disparue depuis le *herem*, donc depuis vingt et un ans, la famille réapparaît lorsque se profile l'héritage, si piteux soit-il. Rébecca de Spinoza se déclare comme héritière mais se garde bien de payer les frais de l'enterrement et les quelques dettes courantes que Van der Spyck avait réglées. Celui-ci est obligé de lui envoyer une sommation d'huissier. Et avant de payer, la sœur demande à vérifier si, à la fin de la procédure, le solde de l'actif et du passif sera positif. Avant qu'elle ne rende sa réponse, Van der Spyck se fait autoriser par la justice à vendre publiquement les meubles. Toujours aussi généreuse, Rébecca requiert le séquestre du produit de la vente. Puis, toutes additions faites, elle décide que l'enjeu ne mérite pas de tels efforts et se désiste, tant de son opposition à la vente que de ses prétentions à la succession. À croire que la famille de Spinoza voulait, par son comportement, lui offrir une confirmation posthume de la légitimité de sa rupture avec elle.

De cette mort d'une absolue banalité, comme elles le sont toutes, Hegel a dressé une épitaphe à sa façon : « Il mourut le 21 février 1677, à l'âge de quarante-quatre ans, de la phtisie dont il souffrait depuis longtemps — en accord avec son système où toute particularité et toute singularité disparaissent aussi dans l'unité de la substance. » Affirmation aléatoire car, si l'héritage matériel de Benoît est dispersé, nous dit Colerus, pour « trois cent nonante florins quatorze sous », l'autre héritage, le vrai, entame sa propre vie. En effet, la veille de sa mort, avant de se rendre dans sa chambre à coucher, Spinoza avait confié à Van der Spyck un pupitre contenant toutes ses œuvres non encore publiées et ses lettres, avec mission de les faire parvenir, après sa mort, à Jan Rieuwertsz, son éditeur. Le logeur pousse même le zèle jusqu'à accomplir sa mission avant même l'enterrement, confiant le meuble et son contenu au batelier d'Amsterdam. Et Rieuwertsz lui confirme, le 26 mars, que le chargement est arrivé à bon port : « Les parents de Spinoza aimeraient bien savoir à qui le pupitre a été envoyé car ils supposent qu'il contient de grands trésors. Ils essaient donc de l'apprendre par les bateliers mais je ne vois pas comment ils le découvriront, étant donné qu'à La Haye on n'enregistre pas les colis qui sont confiés aux bateaux. Et il vaut mieux qu'ils ne le sachent pas. » En effet...

VIII

L'ATHÉE IMMORTEL

Leibniz ne manquera pas d'audace lorsqu'il minimisera son intérêt philosophique pour Spinoza. Faut-il, en effet, que celui-ci soit vif et connu de tous pour que Schuller qui s'est, en quelque sorte, autoproclamé exécuteur testamentaire, lui écrive en ces termes : « Je ne dois pas vous cacher que le très célèbre et très pénétrant Spinoza, frappé d'une violente phtisie, a échangé le 21 février la vie contre la mort. Mais il semble qu'il ait été saisi à l'improviste d'une faiblesse mortelle car il nous a quittés sans un testament pour nous faire connaître ses dernières volontés. L'*Éthica* que vous avez vue chez lui, rédigée de sa main [un témoignage irrécusable de plus sur la mystérieuse visite] est déposée chez un ami et mise en vente, si du moins on en trouve un prix digne d'un ouvrage aussi important, cent cinquante florins je crois. J'ai pensé que vous étiez la personne la plus désignée pour recevoir cette nouvelle, puisque connaissant le livre, vous pourriez convaincre votre Prince de le faire acheter à ses frais. » Schuller s'adresse-t-il ès qualités au bibliothécaire de l'Électeur de Hanovre, ce qu'est Leibniz, au seul intellectuel qu'il situe à la même altitude que Spinoza ou à un boulimique de l'influence dont il devine le plaisir qu'il aura à mettre la main sur l'*Éthique*? En tout cas Leibniz rôde, Schuller ne s'en formalise pas et veut même en tirer parti pour le bien de la « cause ».

Mais le désarroi de Rieuwertsz et de Schuller ne dure pas. Un « conseil de famille » spinoziste s'est à l'évidence réuni puisque, dès le 29 mars, Schuller reprend la plume et s'adresse à nouveau à Leibniz : « Je me réjouis beaucoup que jusqu'à ce jour vous n'ayez pas parlé à votre Prince de l'achat de l'*Éthica* car j'ai tout à fait changé d'idée, de sorte que, même si le possesseur en avait augmenté le prix, je ne veux même pas être considéré comme celui qui vous a proposé ce marché. La raison en est que j'ai mis d'accord les projets très divergents des amis, en décidant que non seulement l'*Éthica* mais aussi tous les écrits inachevés seront publiés dans l'intérêt général. Je vous donne ce renseignement en toute confidence, ne doutant pas que vous ne le teniez caché à tous, même à vos amis, pour que notre projet ne soit pas contrecarré. »

Le bon sens a donc prévalu. Imagine-t-on le destin de l'*Éthique* rachetée à la sauvette par le prince de Hanovre pour le compte de Leibniz? Qu'en aurait fait l'espion-diplomate-philosophe? L'aurait-il publiée pour la plus grande gloire de Spinoza? Aurait-il préféré la désosser, l'ingurgiter et la distiller à travers ses propres écrits? La seule chose qui lui serait apparue impossible aurait été le pur plagiat. Même s'il en avait eu la moindre intention, ce que nul n'a le droit de présumer, trop de gens avaient déjà pris connaissance, sous le manteau, de morceaux de l'*Éthique*. Dans le monde intellectuel de l'époque, l'existence du livre est en effet un secret de Polichinelle.

Toujours est-il que la publication posthume ne fera pas le détour de Hanovre. Les proches se sont répartis les œuvres à publier. À Meyer, l'*Éthica*; à Schuller, la *Réforme de l'entendement*, le *Traité politique* et un opuscule que Spinoza, irréductiblement décidé à jouer les scientifiques, a laissé sur le salpêtre; à Bouwmeester, la grammaire hébraïque. Tous ont, de surcroît, décidé de rendre publiques les lettres de Spinoza en leur possession, sauf celles qui avaient un caractère trop personnel. Dommage... Spinoza écrivant dans un latin qui lui était propre, déformé par sa langue maternelle, l'espagnol, le « conseil de famille » se rallie à l'idée de tout traduire en hollandais, en vue d'une édition bilingue, et s'en remet pour la traduction au vieux Jan Glazemaker. Jarrig Jelles, le plus conceptuel de la bande, se charge de la préface. Assez fleur bleue, Rieuwertsz fait graver un portrait de Benoît et l'orne d'un poème composé par Bouwmeester et d'une particulière médiocrité : « Voici l'ombre de l'image visible de Spinoza / Auquel le cuivre poli ne pouvait ajouter d'ornement / Mais son cerveau béni, qu'il avait reçu en partage / Le fait voir en ses écrits tel qu'il était vivant. / Si quelqu'un a jamais désiré la Sagesse / C'est ici qu'elle a été saisie dans toute sa pureté et avec le plus grand art. » On ferait mieux à l'école de poésie de Romorantin. Enfin, ultime précaution de l'éditeur, celui-ci tait son nom et le lieu de la publication. Benoît sent encore le soufre, du moins pour ses fidèles, conditionnés des années durant par sa propre prudence.

Leibniz, étrangement, tient à demeurer dans le circuit, comme s'il pouvait encore glaner quelque chose dans cette opération. Déférent, Schuller ne cesse de lui rendre compte. Le 27 juin, il lui annonce que les ouvrages ont été remis à l'imprimeur; le 26 octobre, il en promet l'envoi; le 5 novembre, il s'engage à lui faire un abondant « service de presse »; le 31 décembre, il l'informe de la réédition des textes publiés du vivant de Benoît et lui en promet le premier exemplaire. Mais, patatras, Schuller s'aperçoit tardivement que la règle établie pour la publication des textes, en l'occurrence taire les correspondants vivants, a été bafouée une fois. Aux dépens ou à l'avantage de qui ? De Leibniz lui-même ! Schuller essaie de faire amende honorable : « L'erreur s'est certainement glissée à mon insu car elle m'a échappé jusqu'au jour où j'ai vu le livre. Vous me la pardonnerez d'autant plus aisément qu'il n'y est à peu près exclusivement question que de mathématiques. » Étonnante excuse, comme s'il s'agissait de protéger le mondain Leibniz du risque qu'aurait représenté, pour son image, l'aveu d'un dialogue philosophique avec Spinoza. Mais Leibniz n'en est pas moins furieux : cambrioler la pensée de Spinoza, certes ; s'afficher avec lui, fût-ce post mortem, jamais.

Mort, Spinoza inquiète plus que vivant : sans doute parce qu'il n'est plus là pour trouver le bon dosage entre la provocation et la soumission. Avec ses œuvres posthumes, tout est sur la table. Aussi les institutions ne tardent-elles pas à se rebeller. Le 6 juin 1678, les magistrats de Leyde, bourgeois pusillanimes, sont les premiers à s'affoler : « Les curateurs et bourgmestres, ayant appris qu'étant publiées les *Opera posthuma* de Spinoza comportent de nombreuses thèses et conclusions très scandaleuses, impies et hétérodoxes, capables de détruire toute la religion chrétienne et d'ouvrir à des gens simples la voie de l'athéisme intégral, demandent que tous les exemplaires qui pourraient exister soient brûlés ignominieusement, comme il se doit d'un traité impie et hétérodoxe. » Les États de Hollande et de Frise-Occidentale leur emboîtent le pas et, le 25 juin 1678, interdisent les *Opera*, « en tant que profanes, athées et blasphématoires, sous peine de la plus sévère sanction et de déchéance ».

Ainsi condamnée, l'œuvre de Spinoza devrait commencer à se perdre dans les sables. Ce n'est pas Leibniz, peu désireux de partager la première place, qui va s'en faire le porte-voix. Quant aux disciples, ils viennent de faire ce qui était à leur portée, en assurant la publication des œuvres posthumes. À leur tour de disparaître les uns après les autres. Oldenburg ne survit pas longtemps à Spinoza et meurt, lui aussi, en 1677 ; Jacob Osten en 1678 ; Schuller en 1679 ; Bouwmeester en 1680 ; Louis Meyer en 1681 ; Glazemaker en 1682 et Jarrig Jelles, le plus philosophe de la bande, en 1683. Ce dernier avait écrit du vivant de Spinoza une *Confession de la foi chrétienne et universelle* sur laquelle, on l'a vu, il avait obtenu, en son temps, l'imprimatur du maître. Aussi, fidèle entre les fidèles, Jan Rieuwertsz décide-t-il de publier le texte de Jelles à titre posthume, poursuivant, malgré la condamnation des *Opera posthuma*, sa tâche de propagandiste de la foi spinoziste. Mais il meurt en 1685, en même temps que Lambert Van Velthuysen. Ainsi tous les témoins du vivant de Spinoza s'éloignent, sans qu'aucun n'ait voulu écrire une vie du maître. Ils ont préféré donner la priorité à l'œuvre sur l'homme, ce qui ne manque pas de discernement.

C'est donc à travers d'autres circuits que le spinozisme se diffuse, et en particulier par le biais d'une étrange « filière française » dont l'épisode Condé avait constitué une première manifestation. Sans l'enthousiasme des libertins français, rien ne dit que l'œuvre de Spinoza se serait si naturellement imposée.

C'est un exilé calviniste devenu capitaine dans l'armée hollandaise, Saint-Glain, qui traduit en français le *Trac-*

tatus. Celui-ci paraît en 1678 en trois éditions différentes, sous trois titres, comme s'il fallait brouiller les pistes, tout en sortant des mêmes presses, celles de Rieuwertsz. Sont donc publiés *La clef du sanctuaire*, le *Traité des cérémonies superstitieuses des juifs* et les *Réflexions curieuses d'un esprit désintéressé*. Ce n'est pas un hasard si le *Tractatus* seul se met à cheminer alors qu'à ce stade ni l'*Éthique* ni aucun autre texte posthume ne s'imposent. Les libertins cherchent en effet un support idéologique que l'*Éthique* ne leur donnerait pas. Il faudra onze ans pour que le *Tractatus*, ainsi camouflé en trois tomes, soit traduit en anglais — 1689 — et plus d'un siècle pour que paraisse une version allemande — 1806. En fait, la « filière Condé » se tarit assez vite.

C'est au contraire la révocation de l'édit de Nantes qui va faire de maints protestants français les propagandistes du spinozisme. Quelques-uns s'activent d'ailleurs avant même la révocation, à un moment où ils commencent à sentir sur eux la pression absolutiste. Premier évangéliste, à ce titre, du spinozisme, le bon Lucas. Médecin d'origine normande, calviniste, il se réfugie à La Haye et s'improvise journaliste-libraire puisque, dans cette société civile en voie de formation qu'est la Hollande, les deux professions se superposent. Il adhère rapidement à l'esprit du lieu en multipliant les libelles antifrançais, anti-absolutistes et anti-Louis XIV. Mais autant ce militantisme-là ne surprend guère, tribut payé à son pays d'accueil, autant sa passion spinoziste paraît inattendue. A-t-il été en contact avec Benoît ou avec ses élèves ? C'est en tout cas un adorateur qui s'attelle, vers 1685, à une *Vie de Spinoza* au début de laquelle il n'hésite pas à annoncer la couleur : « Notre siècle est fort éclairé, mais il n'en est pas plus équitable à l'égard des

Grands Hommes. Quoiqu'il leur doive ses plus belles lumières, il ne peut souffrir qu'on les loue, soit par envie, soit par ignorance, et il est surprenant qu'il se faille cacher pour écrire leur vie, comme l'on fait pour commettre un crime... »

Afin d'aller à rebours de ce mauvais tropisme, Lucas fait, lui, dans l'apologie. On croirait une vie de saint figurant dans un catéchisme campagnard. Voilà Spinoza transformé en un mélange de saint Augustin et de sainte Thérèse de Lisieux ! Publié en 1719, ce texte jouera un rôle majeur dans la fabrication du mythe spinoziste, rendant le héros plus vertueux qu'il ne le mérite et plus athée qu'il ne le fut. Se dessine alors cette figure d'« athée vertueux » que Bayle va à son tour diffuser, peignant un Spinoza ascète, respectueux des petits, dur avec les puissants, désintéressé et préoccupé du seul intérêt général. Dans sa foulée s'engouffrent les protestants les plus libéraux, ravis de reprendre à leur compte la critique sur un mode historique des Écritures.

Mais, chance pour la gloire de Spinoza, les circonstances lui inventent davantage d'ennemis que d'adorateurs. S'il n'y avait eu que des Lucas, son nom se serait rapidement effacé. Or soudainement, avec la publication des œuvres posthumes, Spinoza apparaît plus révolutionnaire encore qu'il a pu l'être de son vivant. Boussole de l'esprit du temps, hypocrite quand il le faut, déférent quand cela le sert, duplice, toujours aux aguets, Leibniz est le premier à sonner l'hallali. Qu'il est loin le moment où il essayait de s'approprier l'*Éthique* : six mois seulement ! Dès le 4 février 1678, il écrit à Justel : « Les œuvres posthumes de M. Spinoza ont été publiées. La plus considérable partie est l'*Éthica*, composée de cinq traités. J'y trouve quantité de belles pensées conformes aux miennes [quelle délicatesse chez ce Leibniz...] comme savent quelques-uns de mes amis qui l'ont été aussi de Spinoza. Mais il y a aussi des paradoxes que je ne trouve ni soutenables ni même plausibles. Je tiens ce livre dangereux pour des gens qui voudront se donner la peine de l'approfondir, car les autres n'ont garde de l'entendre. » Du côté des grands intellectuels, le choix est donc fait d'établir un cordon sanitaire autour de l'impie. Du côté politique, il en va de même. Ainsi Colbert, dont le fils a pour précepteur Tschirnhaus, au lieu de témoigner d'un préjugé favorable du fait de ce lien à l'égard du spinozisme, veut-il au contraire protéger la France de cette pensée blasphématoire. Il tient à ce que les mesures d'interdiction prises en Hollande à l'encontre de Spinoza trouvent leur prolongement en France et n'hésite pas à envoyer un imprimeur dans les Provinces-Unies afin « d'acheter tous les méchants livres et en poursuivre la défense ». C'est d'ailleurs peine perdue car les exemplaires arrivent clandestinement par mer jusqu'à Bordeaux et Rouen et, de là, sont convoyés jusqu'à Paris dans des tonneaux ou des paniers de poisson.

Les trois tomes de la traduction française du *Tractatus* suivent naturellement cette voie. Mais c'est, en réalité, l'establishment religieux qui s'inquiète le plus du spinozisme et décide de multiplier les contre-feux. Jean de Néercassel, vicaire d'Utrecht, animateur de la Contre-Réforme en Hollande, alerte ses correspondants français à propos de la publication de *La clef du sanctuaire*. Parmi eux le Grand Arnauld qui, le premier, prévient Bossuet. Ainsi le spinozisme est-il étrangement pris en tenaille entre une hostilité janséniste et une opposition cléricale. Il aura réussi la performance de réunir contre lui des ennemis par ailleurs irréductibles. Arnauld s'attaque lui-même à une réfutation de l'œuvre de Benoît, mais celle-ci n'est achevée qu'après son exil, et se perd lors de ses pérégrinations.

Avec Bossuet, la démarche est plus compliquée. À la fin des années 1670 la situation politico-religieuse n'est pas encore clarifiée. Habile, le grand Bossuet ne veut pas brûler trop rapidement ses cartouches. Ainsi écrit-il des pages entières du *Discours sur l'histoire universelle* pour réfuter Spinoza tout en se gardant de prononcer son nom. Mais avec la nomination de Louvois en 1683, à la mort de Colbert, le climat vire définitivement vers l'absolutisme. L'intégrisme triomphe, les élites protestantes s'apprêtent à fuir et une chape de plomb religieuse s'abat sur la France : la lutte contre le spinozisme peut alors s'engager sans réserve. Ceux qui le combattent avec simplement de la modération sont, à leur tour, dans le collimateur des autorités avec, derrière le rideau, Bossuet en chef d'orchestre clandestin de l'offensive. Un illustre inconnu, Richard Simon, s'est-il à peine laissé aller à quelques allusions à Spinoza sans jamais le citer, dans une *Histoire critique du Vieux Testament*, que Bossuet le fait exclure de l'Oratoire et obtient un arrêt du Conseil d'en haut, ordonnant la destruction de tous les exemplaires de l'ouvrage. Il s'agit, pour notre prédicateur national, de faire en sorte que l'exégèse biblique demeure une affaire d'érudits et non d'honnêtes hommes, au nom du vieux principe qu'entre spécialistes une discipline et un savoir sont toujours plus faciles à cadenasser.

Autre terrain sur lequel Bossuet poursuit son offensive : la théorie spinoziste des miracles. Il n'est certes pas lui-même un maniaque des miracles et prêche que « ce n'est plus en illuminant les aveugles, ni en faisant marcher les estropiés, ni en purifiant les lépreux, ni en ressuscitant les morts que Jésus-Christ autorise sa mission et fait connaître aux hommes sa divinité. Mais ces miracles sensibles, qui ont été faits par le fils de Dieu sur des personnes particulières et pendant un temps limité, étaient les signes sacrés d'autres miracles spirituels qui n'ont point de bornes semblables ». Il ajoutera même plus tard que les véritables miracles sont ceux de la conversion. Mais de là à laisser ses ouailles entrer dans l'engrenage du doute spinozien, il y a une différence. De même, à propos des prophéties, l'évêque de Meaux préfère-t-il prendre les devants et éviter que se diffuse, à la suite de Spinoza, une vision trop humaine des prophètes. La simple discussion lui paraît même dangereuse, qui suscite à ses yeux « un nouveau charme pour les libertins qui aiment toujours douter de ce qui les condamne ». Vu à travers son combat contre le spinozisme, Bossuet échappe à la légende qui fait de lui un prédicateur brillant mais borné, fulgurant mais réactionnaire. Il faut une solide dose d'intuition à ce notable du catholicisme, confit en dévotion, couvert de gloire et d'honneurs, pour mesurer le danger que représente l'œuvre d'un petit juif excommunié de La Haye. Faut-il, pour employer un vocabulaire à la Bernard-Henri Lévy, que son « radar idéologique » soit bien réglé pour se fixer sur les écrits posthumes du pauvre Benoît...

Mais faisant à Spinoza le cadeau de son hostilité, Bossuet lui attire des alliés. Et plus il essaie de cantonner la diffusion du spinozisme, plus ceux qui combattent le « prédicateur national » à cause de sa théorie de l'absolutisme, en l'occurrence les libertins, se sentent solidaires de l'auteur de l'*Éthique*. C'est le cas, par exemple, de

Boulainvilliers dont la hargne anti-Bossuet est sans limites : « Il n'y a rien de si mauvaise foi que l'abus perpétuel qu'il fait des maximes de la Sainte Écriture pour forger de nouvelles chaînes à la liberté naturelle des hommes et pour augmenter la dureté des Rois. » Le cousinage avec Spinoza est évident et Boulainvilliers le vivra au point de s'improviser traducteur en français de l'*Éthique*. Il raconte lui-même l'itinéraire étrange qui en fera le principal militant parisien du spinozisme. Après avoir réfuté, sur l'instruction d'un prélat, le *Tractatus*, il en aurait oublié jusqu'au nom de l'auteur. Puis, en lisant dans les écrits des Messieurs des Missions étrangères que la doctrine de Confucius n'était pas plus digne d'être vénérée que celle de Spinoza, il se décide à prendre au sérieux la morale de cet hérétique. C'est alors qu'il lit l'*Éthique* et que, désireux de rédiger une réfutation argumentée de ce bréviaire matérialiste, il estime nécessaire de faire connaître, au préalable, le système de pensée qui le sous-tend. Étrange dandinement intellectuel que narre, sans vergogne, Boulainvilliers.

Voilà le personnage lancé dans un projet dont la définition laisse un léger goût de folie : « Dépouiller l'*Éthique* de cette sécheresse mathématique qui en rend la lecture impraticable, même à la moitié des savants, afin que le système rendu dans une langue commune et réduit à des expressions ordinaires pût être en état d'exciter une indignation pareille à la sienne, et procurer par ce moyen de véritables ennemis à de si pernicieux principes. » Faire échapper l'*Éthique* au club des philosophes les plus huppés, quel meilleur témoignage de militantisme spinoziste ! Mais se livrer à cet exercice salutaire afin de mieux combattre l'Antéchrist, quel paradoxe ! En fait, Boulainvilliers réduit ses ambitions au fur et à mesure de la tâche; il s'improvise, à meilleur escient, traducteur à partir du texte latin dont il a eu connaissance en 1704. Mais héritier de la tradition libertine, donc anti-absolutiste, ce spinoziste duplice tire l'*Éthique* vers une lecture naturellement politique, comme s'il s'agissait d'une suite plus conceptuelle du *Tractatus*. Si les dévots attaquent Spinoza comme antireligieux, les libéraux s'en emparent par contrecoup comme d'une caution philosophique. Ce n'est pas le destin dont Benoît rêvait sans doute pour son œuvre. Mais jouer à la fois le bouc émissaire et l'alibi représente le meilleur gage de postérité.

La querelle spinoziste ne se déroule pas sur la seule scène française, même si à l'époque les grandes parties intellectuelles se jouent en priorité à Paris. Le bon Colerus échappe à son rôle de biographe méticuleux en participant à la cabale hollandaise contre Spinoza. Car moins que quiconque, celui-ci n'a été prophète en son pays. Colerus vit, à sa manière, la même schizophrénie à l'égard de Benoît que Boulainvilliers. Plus encore que le libertin français, il est un chantre du spinozisme, à la fois Joinville, Las Cases et Engels. À force de fréquenter la maison Van der Spyck, il pousse même l'intimité jusqu'à être le seul à citer l'existence d'un *Traité de l'Iris ou de l'Arc en ciel*, que des « Personnes distinguées » auraient lu et auraient déconseillé à Spinoza de publier, « ce qui peut-être lui fit de la peine et le fit se résoudre à jeter cet écrit au feu, six mois avant sa mort, comme les gens du logis où il demeurait m'en ont informé ». Épisode inattendu qui mettrait en situation un Spinoza influençable. Et qui plus est, influençable par des gens qui n'appartiennent pas à son premier cercle. L'épisode témoigne davantage de l'attitude de Colerus, narrateur attentif quoique dénué d'esprit critique.

Or le même Colerus éprouve le besoin de participer, à son tour, au combat anti-Spinoza. Nécessité de se dédouaner ? Réaction viscérale de pasteur protestant prisonnier, à la fin des fins, de ses propres croyances ? Ou, là aussi, légère schizophrénie qui mêle l'admiration et le recul face à une pensée révolutionnaire ? Mais venant du premier épigone de Spinoza, l'hostilité fait naturellement plus mal, au nom du syndrome « *Tu quoque, fili...* » C'est moins l'originalité des critiques de Colerus, d'une rare banalité calviniste, que leur simple existence au cœur d'une hagiographie qui « plombe » Benoît. « Des personnes savantes ont déjà suffisamment découvert les impiétés contenues dans ces *Œuvres posthumes*. [...] Je n'ajouterai que peu de chose à ce qu'ils en ont écrit. » Que lui reproche donc notre zélote devenu fugitivement infidèle ? « Que son Dieu ne soit qu'un fantôme, un Dieu imaginaire qui n'est rien moins que Dieu. Il se donne la liberté d'employer le nom de Dieu et de le prendre dans un sens inconnu à tout ce qu'il y a jamais eu de chrétien. » Et le bon Colerus finit par lâcher le fondement de ses états d'âme : « Autant que j'aie pu comprendre les sentiments de Spinoza, voici sur quoi roule la dispute qu'il y a entre nous qui sommes chrétiens et lui : savoir si le Dieu véritable est une substance éternelle, différente et distincte de l'Univers et de toute la nature ; et si par un ordre de volonté extrêmement libre il a tiré du néant le monde et toutes les créatures ; ou si l'Univers et les Êtres qu'il renferme appartiennent essentiellement à la nature de Dieu, considéré comme une substance dont la pensée et l'étendue sont infinies. »

Ce n'est pas mal vu de la part de ce pasteur rustique, tombé en pâmoison devant l'image de Spinoza. Il met le doigt sur la matrice même de l'athéisme de son héros et d'ailleurs le proclame : « N'est-ce pas le plus pernicieux Athéisme qui ait jamais paru au monde ? » Et comme pour se justifier, il ajoute : « Ce n'a pas été mon dessein d'examiner ici toutes les impiétés et les absurdités de Spinoza : j'en ai rapporté quelques-unes et me suis attaché à ce qu'il y a de plus capital, seulement dans la vue d'inspirer au Lecteur Chrétien l'aversion et l'horreur qu'il doit avoir d'une doctrine si pernicieuse. » Imagine-t-on Joinville expliquant que Louis n'a de saint que le nom, Las Cases assénant que Napoléon est bien l'ogre conquérant qu'imaginaient les Anglais, Engels prophétisant que Marx sera le père du totalitarisme ?

Le coup de poignard de Colerus relève de cette attitude-là. Il a beau escamoter son antispinozisme, comme pour le banaliser, derrière le chœur des réfutations de l'*Éthique*, son intervention est d'un autre poids. Que pèsent, par rapport à lui, un certain Burmanus, ministre réformé à Enkhuise, qui nomme Spinoza « le plus impie Athée qui ait jamais vu le jour » et « les divers champions qui les ont combattues [ses thèses] avec tout le succès qu'ils en devaient espérer », le docteur Spitzelius, François Kuyper, Lambert Van Velthuysen, Musaeus et plus tard Jean Bredenbourg, George Mathias Konig, Theodorus Securus, Fullerus, Fredrich Rappolt, Jean Benoît Carpzovius, Conrad Durrius, Aubert de Verse, Pierre Yvon, Huet, Pierre Poiret ou Wittichius, professeur à Leyde, Guillaume Derhof, Van Leerhoff, tous glorieux inconnus ?

Indépendamment du rôle que Colerus leur assigne en les citant — lui servir de caution et montrer qu'il fait partie d'une longue cohorte — leur nombre ne laisse pas d'impressionner. Il témoigne du besoin qu'ont ressenti les Églises établies d'installer immédiatement un périmètre d'exclusion autour de Spinoza. Intuition des grandes organisations toujours rapides à mesurer ce qui les menace ? Prescience du caractère révolutionnaire, malgré sa géométrie absconse, de l'*Éthique* ? Sensibilité quasi pathologique aux symptômes d'hérésie ? Le « système » — car évidemment, même en Hollande, les religions révélées en ont constitué un — n'a eu immédiatement de cesse d'éteindre le brûlot spinoziste.

Et Colerus, cet agent double, est de mèche sans le vouloir avec lui. Premier propagandiste du spinozisme, il en est le premier adversaire. Puisque la gloire de Benoît passe, pour partie, par la narration qu'il fait de sa vie, elle est au départ marquée au fer rouge de l'impiété. Existe-t-il plus fort anathème qu'une apologie qui se retourne brutalement contre son héros ? Colerus aura, sans le vouloir, fait plus pour la renommée de Spinoza, par le simple jeu de sa duplicité que le brave Lucas, prisonnier de sa dévote admiration.

Vilipendé en Hollande, Benoît n'est pas mieux traité en Allemagne. Dans ce pays si rétif au désordre et en particulier au désordre des esprits, les condamnations ne peuvent que se multiplier. Dès 1688, un critique littéraire de l'époque, D. Morhof, n'hésite pas à proclamer : « Y a-t-il un ouvrage plus pestilentiel que les œuvres de Benedictus Spinoza ? Et pourtant elles triomphent partout. » En 1759, un autre critique, Trinius, recense cent vingt-neuf réfutations de Spinoza, sans compter les allusions, commentaires et critiques ! Toutes tournent autour de l'athéisme, dans cette Allemagne qui pousse le principe religieux jusqu'à faire un tabou quasi constitutionnel de la règle « La religion du roi est la religion du peuple ». Il faudra attendre Lessing, Herder et Gœthe pour sortir des anathèmes : avec eux, le blasphémateur devient un inspirateur, une fois gommé son athéisme. Herder l'exprime crûment : « Il se peut que, dans l'idée qu'il se fait de Dieu, il se soit trompé en mille manières ; mais que des lecteurs de ses ouvrages aient pu jamais dire qu'il ait nié l'existence de Dieu et démontré l'athéisme, cela m'est inconcevable. »

Ainsi, quelques décennies après sa mort, Spinoza aura réussi la performance de coaliser contre lui les tenants de l'absolutisme comme les zélotes de la démocratie hollandaise, les intégristes catholiques autant que le troupeau des pasteurs calvinistes, les universitaires presbytériens au même titre que Bossuet ou Fénelon, sans compter l'hostilité institutionnelle, depuis 1656, des juifs. Ce cortège de haines sera naturellement sa chance. Il lui permettra de franchir le XVIIIe siècle et d'attendre les autres maîtres ès ruptures qui, se réclamant, eux, de lui, lui assureront cette fois un couronnement révérencieux. Ce sera Hegel : « Ce Spinoza est le point crucial de la philosophie moderne : ou le spinozisme ou pas de philosophie du tout » — rien de moins. Ou Nietzsche : « Je suis très étonné, ravi ! J'ai un précurseur et quel précurseur ! Je ne connaissais presque pas Spinoza. Que je me sois senti attiré par lui en ce moment relève d'un acte instructif... » Et tant d'autres. Ce sont, à écouter Pierre Macherey, des Spinoza successifs qui ont franchi ces trois siècles : au XVIIIe siècle, le rationaliste athée avec un obsessionnel esprit de système ; puis à partir des années 1770, le philosophe panthéiste de l'énergie et de la vie, en particulier aux yeux des Allemands, ce qui le place dans la visée de Nietzsche ; enfin, au XXe siècle, la redécouverte du philosophe politique avec, paradoxalement, deux rameaux, l'un libéral, l'autre marxiste, Popper et Althusser jouant dans cette partie-là le rôle inattendu de jumeaux.

Sur la durée, le spectre entier est couvert : qui, de majeur, peut dès lors échapper à Spinoza ? Mais dans cet unanimisme, ce « Spinoza auberge espagnole », ce sont les juifs qui trouvent le plus difficilement leur place : pour une religion de l'identité, des retrouvailles avec un hérétique sont une aberration. Et pourtant, mieux qu'un théologien, plus authentique qu'un talmudiste, Einstein va, lui, à l'essentiel lorsqu'il écrit à Willy Arov : « Vous avez raison lorsque vous dites que le gouffre qui sépare Spinoza de la théologie juive est infranchissable ; et pourtant il ne me semble pas moins juste de dire que la conception du monde de Spinoza est de fond en comble pénétrée des manières de penser et de sentir qui sont si caractéristiques de l'intelligence juive vivante. Je sens que je ne pourrais pas être si près de Spinoza si je n'étais moi-même juif et si je ne m'étais pas développé dans un milieu juif. »

Le physicien de génie sent mieux que quiconque la *Weltanschauung* de l'opticien amateur. Des trois grands juifs de rupture, Spinoza, Marx et Freud, seul le premier a été excommunié, et pourtant il est de cette trinité le plus juif. Lorsque Ben Gourion milite pour le retour de Spinoza au sein du judaïsme, il fait certes de la politique — Israël a, à l'époque, besoin d'un maximum d'icônes juives —, mais juif laïc, comme Einstein, il est aussi sensible à une réalité que nul *herem* ne peut abolir : Spinoza est un intellectuel juif, et sa vie est le roman d'une adhésion-répulsion, d'une fidélité-hostilité, d'une loyauté-adversité. Ce ne sont pas les manifestations multiples du vieux phénomène de l'amour-haine, cher à la psychanalyse de bazar : je te hais parce que je t'aime ; je t'aime parce que je te hais. Ce sont les traces d'un lien plus essentiel entre Spinoza et le judaïsme. Spinoza est un

« mauvais juif », mais d'une certaine manière il n'y a pas plus juif qu'un mauvais juif. Parce qu'il s'assume dans cette condition; parce qu'il accepte la vision sartrienne du judaïsme — demeurer juif par le regard des autres —; parce qu'il retourne contre le rigorisme juif les autres armes du judaïsme, l'intelligence talmudique, la sophistication, la posture du frontalier. Existe-t-il en effet personnage plus frontalier que Baruch-Benoît?

Suivant les canons traditionnels, un bon juif est un juif communautaire, donc enfermé; un mauvais juif est un frontalier. À la lisière, en marge, en mouvement, mais ancré dans une identité qu'il nie, que les autres lui refusent et qui le transcende. Pour les uns, Spinoza est le mauvais roman d'un juif; pour les autres, le roman d'un mauvais juif; donc à coup sûr, un roman juif.

BIBLIOGRAPHIE[1]

I — BIBLIOGRAPHIE HISTORIQUE

Amsterdam XVIIe siècle, Marchands et philosophes : les bénéfices de la tolérance, Paris, Autrement, série « Mémoires », 1993.

Cahiers Spinoza, n° 3, *Spinoza et les juifs d'Amsterdam,* Paris, éditions République, 1980.

Spinoza, *Œuvres complètes,* Paris, Gallimard, Bibliothèque de la Pléiade, 1954 (dont annexes : *La vie de Spinoza* par Colerus, *La vie de Spinoza* par Lucas).

Benbassa Esther, éd., *Mémoires juives d'Espagne et du Portugal,* Paris, Publisud, 1996.

Braudel Fernand, *Le temps du monde. Civilisation matérielle, économie et capitalisme, XVe-XVIIIe siècle,* t. 3, Paris, Armand Colin, 1989.

Braure Maurice, *Histoire des Pays-Bas,* Paris, PUF, 1966.

Kossmann-Putto J.A. et Kossmann E.M., *Les Pays-Bas. Histoire des Pays-Bas du Nord et du Sud,* Stichting et Erfdeel, 1988.

Lefebvre Jean-Pierre, *Heine, Hegel et Spinoza, Cahiers Spinoza,* n° 6, Paris, éditions République, 1983, p. 211-229.

Méchoulan Henry, *Le sang de l'autre ou l'honneur de Dieu. Indiens, juifs et morisques au Siècle d'or,* Paris, Fayard, 1979.

— *Amsterdam au temps de Spinoza. Argent et liberté,* Paris, PUF, 1990.

— *Être juif à Amsterdam au temps de Spinoza,* Paris, Albin Michel, 1991.

Meinsma, Kœnraad Oege, *Spinoza et son cercle,* Paris, Vrin, 1983 (1re éd., 1896, Pays-Bas).

Moreau Pierre-François, *Spinoza,* Paris, Seuil, coll. « Écrivains de toujours », 1975.

1. J'ai, une fois de plus, bénéficié pour la préparation de ce livre de l'aide de François Buot, Hélène Fontanaud, Frédérique Matonti. Qu'ils en soient chaleureusement remerciés.

Nadler Steven, *Spinoza, A Life,* Cambridge University Press, 1999.
Revah Israël S., *Spinoza et le docteur Juan de Pardo,* Paris-La Haye, Mouton and Co., 1959.
— *Des marranes à Spinoza,* Paris, Vrin, 1995.
— « Les Marranes », *Revue des études juives,* t. CXVIII, p. 29-77.
Rödel Patrick, *Spinoza, le masque de la sagesse. Biographie imaginaire,* Climats, 1997.
Roth Cecil, *Histoire des marranes,* Paris, Liana Levi, 1990 (1re éd., 1932).
Schama Simon, *L'embarras de richesses. Une interprétation de la culture hollandaise au Siècle d'or,* Paris, Gallimard, 1987.
Vernière Paul, *Spinoza et la pensée française avant la Révolution,* Paris, PUF, 1954.
Voogt Christophe de, *Histoire des Pays-Bas,* Paris, Hatier, 1992.
Yirmiyahu Yovel, *Spinoza et autres hérétiques,* Paris, Seuil, 1991.
Zumthor Paul, *La vie quotidienne en Hollande au temps de Rembrandt,* Paris, Hachette, 1960, 1992.

II — BIBLIOGRAPHIE PHILOSOPHIQUE

Alain, *Spinoza,* rééd., Paris, Gallimard, coll. « Tel », 1996.
Alquié Ferdinand, *Le rationalisme de Spinoza,* Paris, PUF, 1981.
Appuhn Charles, *Spinoza,* Paris, André Delpeuch, 1927.
Balibar Étienne, *Spinoza et la politique*, Paris, PUF, 1985.
Brunschvicg Léon, *Spinoza et ses contemporains,* Paris, PUF, 4e éd., 1951.
Delbos Yvan, *Le problème moral dans la philosophie de Spinoza et dans l'histoire du spinozisme,* Paris, Alcan, 1893.
Deleuze Gilles, *Spinoza et le problème de l'expression,* Paris, Minuit, 1968.
— *Spinoza. Philosophie pratique,* Paris, Minuit, 1981.
Guéroult Martial, *Spinoza,* Paris, Aubier-Montaigne, 2 tomes, 1974.
Lazzeri Christian, *Droit, pouvoir et liberté,* Paris, PUF, 1998.
Macherey Pierre, *Avec Spinoza,* Paris, PUF, 1992.
— *Hegel ou Spinoza,* Paris, La Découverte, rééd., 1990.
Matheron Alexandre, *Individu et communauté chez Spinoza,* Paris, Minuit, 1969.
Moreau Pierre-François, *Spinoza, l'expérience et l'éternité,* Paris, PUF, coll. « Épithémé », 1994.
Negri Antonio, *L'anomalie sauvage,* Paris, PUF, coll. « Pratiques théoriques », 1982.
Pollock Frederick, *Spinoza, His Life and Philosophy,* Londres, C. Kegan, Paul and Co., 1880.
Tosel André, *Spinoza ou le crépuscule de la servitude,* Paris, Aubier-Montaigne, 1984.
Wolfson Harry Austryn, *La philosophie de Spinoza,* Paris, Gallimard, coll. « Bibliothèque des Histoires », 1999.
Zac Sylvain, *Théologie politique dans l'œuvre de Spinoza,* Paris, Vrin, 1979.

Composé et achevé d'imprimer
par la Société nouvelle Firmin-Didot
à Mesnil-sur-l'Estrée, le 4 octobre 1999.
Dépôt légal : octobre 1999.
Numéro d'imprimeur : 48218.
ISBN 2-07-075321-2/Imprimé en France.

86685